JÜRGEN PROSKE

Bestens vorbereitet für bis zu 6 Monate

AUTARK

Wie man für Krisensituationen vorsorgt und was man dafür zu Hause haben muss

pietsch

Titelbild: © Collage von Kornelia Erlewein

Fotonachweis:
Fotos Archiv Jürgen Proske.
Getty:
12: SOPA Images Kontributor; 15 (o.): Marco Bottigelli; 28: mladenbalinovac

Shutterstock:
2: Lewis Tse; 3: Mike Rinnan; 43: Zaruba Ondrej; 132: maramade; 133: vldkont

Pixabay:
6, 7, 8, 11, 13, 14, 16, 17, 20, 22, 26, 32, 33, 34, 35, 36, 37, 44, 45, 47 (u.), 54, 55, 56, 59 (o.), 60 (o.), 61 (o.), 63, 64, 65 (u.), 67, 69 (o.), 70, 71, 72 (r.), 76, 77, 78, 79, 80, 83, 84, 85 (u.), 88 (u.), 89 (r.), 91 (o.), 93, 96 (l.), 98, 99, 100 (o.), 103 (u.), 105 (u.), 111 (r.), 113 (2 v. o.), 115 (u.), 117, 122, 123 (u.), 125, 128, 133, 134 (l.), 136 (o.), 136 (u. l.), 137 (l.), 139, 140

ISBN 978-3-613-50951-1

Ein Unternehmen der
Paul Pietsch Verlage GmbH & Co. KG

1. Auflage 2023

Sie finden uns im Internet unter
www.pietsch-verlag.de

Lektorat: Niko Schmidt
Cover, Layout und Satz:
grafik+design Kornelia Erlewein
Druck und Bindung: PBtisk a.s. Pribram
Printed in Czech Republic

Meine Tipps sind nur für den Notfall gedacht.

Das Nachvollziehen von Überlebenstaktiken und das Nachbauen von im Buch beschriebenen Gegenständen erfolgt auf eigenes Risiko und in eigener juristischer Verantwortung. Der Autor/Verlag übernehmen keinerlei Haftung für Sach-, Vermögens- oder Personenschäden sowie Strafverfolgungen jeglicher Art.

Alle Angaben dieses Buches, die naturgemäß Änderungen unterliegen können, wurden nach bestem Wissen recherchiert und mit größtmöglicher Sorgfalt überprüft. Für die Richtigkeit und Vollständigkeit der Angaben kann jedoch – soweit gesetzlich zulässig – keine Haftung oder Garantie übernommen werden. Ich bitte um Verständnis dafür und freue mich über jede Anregung und Berichtigung zu AUTARK.

Die neue Homepage des Autors mit vielen Infos rund um Schatzsuche und Sondengehen:

www.forschen-fragen-finden.de

Schatzsucherhotline: 0176-56949474

Gewidmet der Achtung vor dem Leben

Einstimmung

Die Einschläge kommen näher! Szenarien, die noch vor einigen Jahren als unwahrscheinliche Dystopie erschienen, bis dato nur im Film oder in einem Zukunftsroman erlebbare Schreckensszenarien, werden Wirklichkeit. Die in immer kürzeren Abständen auftretenden Krisen lösen bei vielen Unbehagen aus. Finanzkrise, Corona, Ukrainekrieg waren direkt erlebbar, schleichende Katastrophen wie die Inflation und der Klimawandel mogeln sich in unser Leben. Pandemien ziehen um den Globus. Seit COVID-19 mit Millionen Toten weltweit und mit einer unkalkulierbaren Bedrohung der Bevölkerung. Erratische Potentaten wie Assad und Putin zetteln in Syrien und der Ukraine Kriege an und drohen mit Eskalation.

Finanzkrisen entwerten seit der Dotcom-Krise 2000 Kaufkraft und Sparvermögen. Skrupellose Finanzjongleure zocken sich zu Reichtum nach dem Motto: »Gewinne privatisieren, Verluste sozialisieren«. Und wenn die Inflation in der Folge die Sparguthaben des Mittelstandes vernichtet, was soll es? Die Zocker sind dann vermutlich schon längst auf der Privatinsel. Geht es schief, wie bei der Credit Suisse, schreien die Verursacher nach Staat und Steuerzahler und bezeichnen dann die Rettungsgelder zynisch als »Stupid Money«. Auch regionale Katastrophen wie das Erdbeben in der Türkei, die Kernschmelze in Fukushima oder die Flut im Ahrtal treffen direkt in unsere hochtechnisierte Welt.

Aber auch schleichende Katastrophen bedrohen unseren Lebensstil. In vielen Gesellschaften droht eine Verarmung im Alter durch eine galoppierende Inflation. Ein Federstrich, so wie in der Türkei geschehen, entwertet die Lebensleistung.

Auch die Klimakatastrophe bedroht die heutige Welt. Dort ein paar Grad wärmer, hier monatelange Trockenheit, woanders Stürme und Tornados. 200 Kilometer weiter Überschwemmungen und Sturzfluten. Merkbar schrumpft der Lebensraum von Menschen und Tieren. Dringend benötigte Anbauflächen werden zerstört und lösen Hungerkatastrophen aus.

Unsere Welt ist darüber hinaus in einer komplexen und komplizierten Vernetzung unter dem Stichwort »Globalisierung« gefangen. Äpfel aus Neuseeland, Kaffee aus Brasilien, Öl aus den Emiraten, Gas aus Russland, Elektronik aus China und Taiwan. Stromnetze, Wassernetze, Datennetze, Verkehrsnetze, Produktionsketten. Wie der Tsunami in Japan zeigte, sind diese Netze leicht zu zerstören und sichern unter extremen Umständen keineswegs das Überleben. Wie sollen unsere Lieferketten in einer globalen Krisensituation weiter funktional bleiben? Ein einziger Tanker blockiert den Suezkanal, und schon bricht die Kfz-Produktion in Europa ein.

Nun könnte man sich in Krisenfällen auf die Politik und Rettungsdienste, Polizei oder

Bundeswehr verlassen. Aber wäre dies nicht blauäugig? Zwar versuchen führende Politiker die gröbsten Härten abzufangen. Aber sie fahren auf Sicht, es gibt keine Patentrezepte.

Das Bundesinnenministerium empfiehlt, sich für Katastrophen zu bevorraten. Allerdings nur für 14 Tage! Aber sollten die Folgen einer Krise oder Katastrophe länger als 14 Tagen andauern, dann ist nach 14 Tagen nicht wieder alles im Lot. Einkaufen im Supermarkt, das Wasser aus dem Wasserhahn und das Verschwinden des Abwassers im Klärwerk ist dann nicht mehr möglich oder findet nicht mehr statt. Auch flitzt der Strom dann nicht wieder durch die Leitungen, die Notaufnahme bleibt geschlossen, und Instagram und Facebook sind nicht erreichbar. Wenn Staat und Institutionen nicht mehr helfen können, muss man sich selbst helfen.

Was bedeutet das aber im Kern? Bedeutet dies, Vorräte anzulegen und Nahrungsmittel anzubauen? Bedeutet dies, Möglichkeiten der Wasseraufbereitung vorzuhalten? Bedeutet dies, unabhängige Netzwerke unterschiedlichster Ressourcen zu schaffen? Bedeutet dies, medizinische Güter zu horten? Bedeutet dies, Notfallpläne anzulegen und sichere Verstecke zu schaffen? Bedeutet dies, Tauschmittel für dem Schwarzmarkt zu beschaffen?

Viele Fragen, auf die Menschen, die eine sichere Infrastruktur und eine fortgeschrittene Zivilisation gewöhnt sind, oft keine Antworten haben. So können heute viele Menschen im Krisenfall nicht einmal ein Kartoffelfeld anlegen, um sich und ihre Familie zu ernähren. Meistens scheitert dies bereits an den nicht ausreichend vorhandenen Ackerflächen. Dreiviertel der Einwohner Deutschlands wohnen in Städten.

Diesen Menschen ist dieses Buch gewidmet. Es zeigt dem im Krisenfall stark betroffenen Stadtbewohner Möglichkeiten auf, sich im urbanen Umfeld Autarkie aufzubauen. Denn ist der Krisenfall eingetreten, ist es zu spät dafür!

»There is no glory in prevention«. Vorsorge bringt keinen Ruhm. Das ist ein geflügeltes Wort in der Prepper-Szene. Aber immer war und ist es ein gutes Ruhekissen, sich vorbereitet zu wissen. Und die beste Vorsorge für eine Krisensituation ist es, sich und seine Familie auf den Notfall vorzubereiten. Für diesen Zweck ist dieses Buch geschrieben.

Es erklärt, wie die ersten sechs Monate nach dem Tag X zu überleben sind. Es führt in die Grundlagen der autarken Versorgung ein. Es beschreibt, wie die unverzichtbaren Quellen für Wärme und Strom am Sprudeln zu halten sind. Es informiert über die Möglichkeiten finanzieller Vorsorge. Es regt dazu an, Netzwerke für das Überleben zu schaffen. Es ist jedoch kein Survival-Handbuch.

Zwar ist es hilfreich, Pflanzen zu kennen, die deinen kargen Speiseplan in Notzeiten bereichern können. Auch ist es nützlich, zu wissen, wie man Bucheckernmehl herstellt. Aber Tipps, wie man mit zwei Stöckchen ein Feuer entfacht oder Wasser aus dem Kaktus presst, findest du in diesem Buch nicht.

Ich sehe die Gefahren der Gegenwart an ganz anderer Stelle, nämlich zuhause. Nicht wir setzen uns der Gefahr der Wildnis aus, sondern die Wildnis kommt zu uns. In Form politischer Unruhen, in Form der Klimakatastrophe, in Form von Krisen, ausgelöst durch eine Pandemie, in Form von Krisen, die wir uns heute vielleicht noch gar nicht ausmalen können.

Deshalb findet das Überleben in diesem Buch nicht im Urwald oder der Wüste statt, sondern in den heimischen vier Wänden. Überleben, wenn Wasser- und Stromversorgung zusammenbrechen. Überleben, wenn der Mob die Supermärkte plündert und das Essen knapp wird. Überleben in Pandemien. Überleben im Kriegsfall.

ERFAHRUNGEN DES AUTORS:

In Afrika und Asien bin ich lange als Backpacker mit einer der Survivaltaschen aus Rüdiger Nehbergs *Survival Handbuch* gereist. Darin befanden sich, nach den Tipps des Meisters, Angelhaken, Rasierklinge, Blechspiegel, 150 Dollar, Sturmzündhölzer, Rettungsdecke und vieles mehr. Bis auf die 150 Dollar zur Bestechung eines Beamten im Sudan habe ich nichts, aber auch gar nichts, aus dieser Tasche brauchen können.

Idealerweise steht dieses Buch bei dir zuhause dein ganzes Leben lang im Regal. Tritt aber die Katastrophe unverhofft ein, bist du vorbereitet und wirst überleben.

»Be prepared!« Denn es kann schneller etwas geschehen, als du denkst.

Jürgen Proske*, im September 2023.*

Teil 1

Be prepared!

Analyse und Vorbereitung auf die Krise

»Abenteuer sind nur schlechte Planung.«

Roald Amundsen

1. Be prepared!

Auf viele Überlebensfälle wirst du dich nur durch gedankliche Auseinandersetzung vorbereiten können. Oder willst du deine Wohnung anzünden, um dann zu üben, wie du mit dem Unglück umgehst? Wohl nicht. Auch wer erst in der Krise beginnt Vorräte anzulegen, zeugt zwar einerseits von bemerkenswertem Optimismus, aber andererseits auch von grenzenloser Dummheit.

INSIDERTIPP:

Es genügt nicht, wenn nur du im Falle des Falles weißt, was zu tun ist. Deshalb lädst du zu einer gemütlichen Runde. Wenn verschiedene plausible Szenarien durchgesprochen und durchdacht werden, ist schon viel Vorbereitungsarbeit geschehen. Denn dann entfällt ein wesentlicher Anteil des Überraschungsmoments, sollten diese Umstände eintreten. Du bist schneller wieder handlungsfähig als derjenige, der vom Unerwarteten überrumpelt wurde. Denn du bist mental vorbereitet und hast einen Plan. Außerdem solltest du allen Beteiligten klar machen, dass im Ernstfall wahrscheinlich keine Kommunikation mehr möglich ist. Internet und Mobilfunk sind ausgefallen oder überlastet. Dann ist es umso wichtiger, sich abgesprochen zu haben und zu wissen, was die anderen der Gruppe ausführen.

Die Zeiten, in denen Überlebenskünstler als realitätsferne Phantasten belächelt wurden, sind wohl vorbei. Mein Rat ist es, sich nicht auf die 14 Tage Notvorrat zu verlassen, die die Bundesregierung empfiehlt und dazu umfangreiche Listen herausgibt. Meiner Meinung nach kann der Staat dein und das Überleben deiner Familie in einem Katastrophenfall nicht garantieren.

AUTARKIE DES AUTORS:

Die wichtigste Frage zuerst: Wer soll im Krisenfall versorgt werden? Wir haben uns im Familienkreis für acht Personen entschieden. Als Fluchtrichtung versuchen alle, im Krisenfall schnellstmöglich Garmisch-Partenkirchen zu erreichen. Meine Schwester hat dazu in München Vorräte und EDCs (siehe Kapitel »Vorräte« ab S. 51, EDC S. 52) vorbereitet und Diesel gebunkert. Sie kann in einer Stunde mit Familie, bevor der Massenexodus aus München beginnt, starten. Für den Fall von Kontrollstellen, Sperren, einer überraschenden Wehrpflicht oder sogar einer Ausgangssperre werden zwei E-Bikes mitgeführt, welche es möglich machen, Hindernisse unauffällig zu umfahren. Mehrere Fahrtwege sind ausgekundschaftet. Karten, Funkgeräte und ein Solar-Kurbelradio liegen bereit. In Garmisch versuchen wir uns zwischenzeitlich in einer Risikoeinschätzung, sichern das Haus, rüsten das Wohnmobil und das E-Auto auf, und entscheiden, ob wir uns weiter in die Berge zurückziehen werden.

2. Analyse von Krisen

2.1 Belagerung Mariupols

Typ: Kriegerische Auseinandersetzung
Datum: 24.02.2022 bis 20.05.2022
Geflüchtete: ca. 100.000
Russland, nach offiziellen Angaben: 350 Tote, ca. 1500 Verletzte
Ukraine: unbekannt, mind. 2730 Kriegsgefangene
Zivile Opfer, geschätzt: 10000

Die humanitäre Situation in Mariupol war aufgrund der am 2. März 2022 zusammengebrochenen Infrastruktur (Lebensmittel, Wasserversorgung, Abwasserbeseitigung, Strom, Heizung) und aufgrund der Bombardierungen katastrophal. Menschen starben nicht nur durch Bomben, sondern laut dem World Food Program auch an Unterernährung infolge von Hunger. Der sich einstellende Mangel an sauberem Trinkwasser verursachte in Mariupol, Charkiv und anderen belagerten Städten Ausbrüche von Cholera und Ruhr. Einwohner starben auch in Folge fehlender medizinischer Versorgung. 90 Prozent der Bausubstanz Mariupols wurde beschädigt oder zerstört. Besondere Aufmerksamkeit erregte die Bombardierung einer Geburtsklinik sowie der Luftangriff auf das Theater von Mariupol.

2.2 Fukushima

Typ: Atomare Verseuchung nach Naturkatastrophe
Datum: 11.03.2011
Geflüchtete und Evakuierte: 470.000 davon 120.000 dauerhaft
Opfer: ca. 22000
Schaden geschätzt: 161 Milliarden Euro

Die Unfallserie begann am 11. März 2011 mit dem Tōhoku-Erdbeben, das durch nachfolgende Flutwellen über 22000 Japaner tötete. 470.000 Menschen mussten in den folgenden Tagen evakuiert werden. Mehrere Kleinstädte an der Küste wurden völlig zerstört. Auch das an der Küste gelegene Kraftwerk wurde beschädigt. In Block 1 bis 3 kam es zu Kernschmelzen. Große Mengen

Tsunami.

an radioaktivem Material wurden freigesetzt und kontaminierten die Umgebung. Ungefähr 100.000 bis 150.000 Einwohner mussten das Gebiet vorübergehend oder dauerhaft verlassen. Bis heute sind einige Städte gesperrtes Gebiet. Glücklicherweise funktionierten die schnelle Evakuierung und die Hilfen durch die Behörden, den Katastrophenschutz und das Militär schnell und effektiv.

2.3 Das Ahrtal

Datum: 14./15.07.2021
Betroffene: 42000
Opfer: ca. 150
Infrastruktur an der Ahr weitestgehend zerstört, 70 Prozent der Gebäude beschädigt oder zerstört.

Innerhalb von 24 Stunden fielen in der Nacht vom 14. auf den 15. Juli mehr als 100 Liter Regen pro Quadratmeter. Die Fluten schnitten zahlreiche Orte von der Außenwelt ab. Mindestens 50 Menschen werden von Hausdächern gerettet, auf denen sie Zuflucht vor den Wassermassen suchen.

Überschwemmung im Ahrtal.

2.4 Erdbeben in der Türkei und Syrien 2023

Typ: Naturkatastrophe
Datum: 06.02.2023 ab 04:17 Uhr
Betroffene: ca. 23.000.000, 3.600.000 auf der Flucht
Opfer: ca. 60000 Tote, 120.000 Verletzte

230.000 Gebäude wurden zerstört. Die Infrastruktur wie Straßen, Elektrizität, Wasserversorgung, Abwasserentsorgung, Eisenbahnlinien, Flughäfen, Versorgungsmöglichkeiten wurde weitestgehend zerstört.

2.5 Klimawandel

Typ: Schleichende Naturkatastrophe
Datum: seit Beginn des fossilen Zeitalters
Betroffene: ca. 5 Mrd. Menschen
Opfer: laut WHO ca. 250.000 Menschen pro Jahr durch Hunger, Infektionen, Luftverschmutzung, Vernichtung von Lebensraum, Vernichtung von Artenvielfalt.

Wissenschaftler sind sich weitgehend einig, dass die Hauptursache für den Klimawandel in der Zunahme von Treibhausgasen liegt. Dazu zählen Wasserstoff, Kohlenstoffdioxid (CO2) und Methan. Die Ursachen sind damit menschengemacht. Fossile Verbrennung, Waldrodung und Viehhaltung sind einige der Hauptgründe.
Der Klimawandel führt wegen der schmelzenden Pole und Gletschern zu steigenden Meeresspiegeln. Außerdem gilt er als Ursache für häufigere Naturkatastrophen wie Stürme oder Überschwemmungen und für die Veränderung von Ökosystemen.

Was kannst du aus diesen Krisen lernen? Bei genauer Betrachtung ergibt sich eine Reihenfolge von Maßnahmen, die die Auswirkungen einer Krise abgefedert hätten. Oder andersherum formuliert: »Welche Aktivitäten vor einer Krise erhöhen die Überlebenschancen in einer Krise?«

Folgende Tipps können helfen:

- Flüchte rechtzeitig, denn wer nicht da ist, dem kann auch nichts passieren!
- Leg Vorräte an. Besser du hast, als du hättest!
- Schaff dir zusätzliche Quellen für Wasser, Strom und Wärme!
- Sorge dafür, dass du informiert bleibst!

**Im kleinen Maßstab hat es auch schon mich getroffen.
Folgend einige selbst erlebte Krisensituationen.**

Winter in den Bergen.

Schneesturm.

2.6 Schneesturm

Der Schneesturm war deutlich weniger heftig angesagt. Nun bricht allerdings der Nahverkehr zusammen. »Bleiben Sie in Ihren Wohnungen!«, lässt die Polizei über das Radio verbreiten. Nach drei Tagen haben die Behörden die Lage wieder im Griff. Unsere Nahrungsmittelvorräte reichen locker, um das unerwartete Krisenszenario zu überleben.

2.7 Hochwasser

Pfingsthochwasser 1999. Es fallen über 120 Zentimeter Regen in weniger als 24 Stunden, dazu setzt kräftige Schneeschmelze ein. Land unter überall, die meisten Straßen und viele Keller sind überflutet. Tagelang Katastrophenalarm. Reicht der Nahrungsmittelvorrat zuhause? Auf jeden Fall. Wir sind vorbereitet, schaufeln Sandsäcke, und die eingelagerten Tauchpumpen halten den Keller trocken.

2.8 Seenot

Segelurlaub in Kroatien: Die Bora überrascht unser Boot in einem engen Kanal auf einer öden Felseninsel. Der Anker hält nicht, und gegen den tückischen Wind kommen wir mit dem schwachen Bootsmotor nicht an. Links und rechts messerscharfe Felszacken. Nur mit dem Umbau der Ankerkette und pfiffiger Knotentechnik gelingt es uns, das Boot zu sichern. Aber die tückische Bora hält uns sieben Tage auf der Insel fest. Kein Problem, denn wir sind vorbereitet. Statt auf dem rollenden Boot zu schlafen, bauen wir uns auf der windabgewandten Seite der Insel aus Treibholz und Steinen einen komfortablen Unterstand, der mit Nahrung, Schlafsäcken, Wasser und Ausrüstung bevorratet wird und gehen Fische angeln.

Gestrandet.

2.9 Nahrungsmittelverknappung

Bushcrafting in Finnland. Auf einer Insel im menschenleeren Saaima-Seengebiet haben Insekten den Mehl- und Reisvorrat aus dem Basislager befallen. Tour abbrechen oder weitermachen? Unser Know-how hilft uns, den verbliebenen Nahrungsvorrat über Bucheckern, Birkenrinde, Pilze und Fischfang zu ergänzen. Und erstmals essen wir gekochte Seerosenwurzeln.

Bushcrafting.

2.10 Verletzungen

Urlaub in der Sahara. Die Sonne knallt mit voller Kraft auf den Wüstenboden. Die Hitze im Auto steigt und steigt. Plötzlich ein Knall und starker Benzingeruch im Auto. Einer der Treibstoffkanister aus Plastik ist geplatzt. Die Klamotten im Seesack darunter sind mit Benzin durchtränkt. Schnell zum nächsten Campingplatz und die Kleidung zum Auslüften aufhängen. Jetzt wäre ein erfrischender Pfefferminztee recht. Die Gaskartusche ist leer, eine neue wird eingesetzt. Unbemerkt verklemmt sich die Kartusche und Gas tritt aus. Beim Zünden des Kochers steht dieser urplötzlich in Flammen, direkt neben den benzingetränkten Klamotten. Es besteht akute Brandgefahr. Reaktionsschnell wird eine Feuerdecke über den brennenden Kocher geworfen und das ganze Paket mit Sand beworfen. Verbrennungen an Brust, Händen und Armen machen den Einsatz des Erste-Hilfe-Kastens, einen Besuch des Krankenhauses in Agadir und den Rücktransport durch den ADAC nötig. Unvergesslich bleiben die katastrophalen hygienischen Verhältnisse im Krankenhaus.

Tödliche Wüste.

Die Beispiele zeigen, dass Notfälle überall passieren können.

3. Vorbereitung auf die Krise

Grundlegend müssen wir zwischen absehbaren Notlagen und plötzlichen Notlagen unterscheiden. Schleichende Notlagen sind vorhersehbar. Der Verlust der Kaufkraft durch die Inflation. Das Sturmtief, das seit Tagen angekündigt wird, der Lawinenlagebericht, der auf Dunkelrot steht, die extreme Waldbrandgefahr, die auf die wochenlange Dürre zurückzuführen ist. Aber auch politische Gefahren werden nicht über Nacht geboren, sondern brodeln zunächst im Hintergrund. Die Zusammenballung 2022 der russischen Streitkräfte an der Grenze zur Ukraine. Da passierte etwas im Vorfeld.

Natürlich gibt es die Katastrophenpropheten, die bei jedem Wetterleuchten sofort den Weltuntergang ausrufen und bei jedem Börsenbeben den Zusammenbruch des Wirtschaftssystems vorhersagen. Diese Katastrophenapostel sind jedoch bekannt und können eingeordnet werden. Wenn jedoch seriöse Institutionen wie das Bundesinnenministerium, die wissenschaftliche Welt, oder die Einrichtungen der Notfallhilfe warnen, dann ist Vorbereitung dringend angeraten.

Fukushima, Tschernobyl, das Ahrtal: Plötzlich und oft unerwartet bricht eine Notlage aus. Welche Maßnahmen retten nun dein Leben?

3.1 Rechtzeitig Flüchten

Fluchtplanung und Fluchtvorbereitung ist die wichtigste und erste Aufgabe der Überlebensplanung. Gerade bei lokalen Katastrophen heißt es: »Rette sich wer kann«. So schnell wie möglich und so weit weg wie nötig. Rechtzeitige Planung, Einlagerung von benötigten Vorräten, Treibstoffen und eine pfiffige Tourenplanung sind im Vorfeld unabdingbar (siehe Kapitel »Bleib mobil!« ab S. 29).

3.2 Vorräte aufbauen

Vorräte bringen dich durch die sehr mageren Zeiten einer Katastrophe. Dabei kann nicht alles bevorratet werden. Es ist schlicht unmöglich bis zur letzten Sicherheitsnadel, Jodtablette oder Betonmischmaschine sich auf jede Eventualität vorzubereiten. Es ist aber sinnvoll, Nahrungsmittel, Wasser, Medikamente, Heizmaterial und Brennstoffe, Barmittel, Samen und Überlebenshandbücher zu bevorraten. Für sechs Monate. Dann kannst du in diesen sechs Monaten, in denen die vielen überraschten »Wird-alles-wieder-gut-Optimisten« verzweifeln, schon an deiner Versorgung nach den sechs Monaten arbeiten. So brutal es klingen mag: In den ersten sechs Monaten einer umfassenden Krise wird eine große Anzahl der Menschen, die keine Vorsorge getroffen haben, geflohen, erkrankt, verstorben oder verschwunden sein (siehe Kapitel Vorräte ab S. 50).

3.3 Vorbereitung auf den Ausfall der Versorgungsinfrastruktur

In einer belagerten Stadt wie Mariupol fiel aufgrund der russischen Angriffe zuerst die Wasserversorgung, dann die Stromversorgung und in der Folge die Heizung aus. Im Februar! Geschäfte blieben geschlossen und die Abgabe von Benzin wurde rationiert beziehungsweise eingestellt. Ausgangssperren und die unberechenbare Solateska machten jede Einkaufstour zum lebensgefährlichen Risiko.

Ähnliches, ohne marodierende Soldaten, passierte nach dem großen Erdbeben in der Türkei 2023. Die Infrastruktur wurde durch das Beben sprichwörtlich pulverisiert, die Versorgungsstruktur fiel in den Städten weitestgehend aus. Wasser und Wärme waren nicht verfügbar. Tankstellen funktionierten nicht mehr, eine Belieferung mit Waren und Treibstoffen war aufgrund der zerstörten Infrastruktur nicht möglich. Apotheken waren zerstört. Gebäude unsicher, da man Nachbeben fürchtete. Zelte und mobile Heizungen gab es nicht, die Menschen waren gezwungen, im Freien bei Temperaturen unter dem Nullpunkt ohne ausreichend wärmende Kleidung die Nächte zu überstehen.

Bereite dich auf den Verlust von Wärme, Strom, Wasser und Heiz-/Treibstoffen vor! (siehe Kapitel Vorräte ab S. 50).

3.4 Vorbereitung auf den Ausfall der Informationskanäle

Die ersten Opfer einer Katastrophe werden das Internet und die Handyverbindungen sein. Entweder werden die Netze völlig überlastet sein, oder sie werden durch Schäden großflächig ausfallen. Wie und woher bekomme ich in dieser Situation lebenswichtige Informationen, wie zum Beispiel, welche Fluchtrouten noch verfügbar sind, wo Fluchtkonvois aufbrechen, wo Lebensmittel ausgegeben werden, welche Apotheken noch geöffnet sind und so weiter (siehe Kapitel Information ab S. 130)?

INSIDERTIPP:

Es mag vielleicht banal klingen, aber für den Aufbau eines Überlebensequipments solltest du auch immer die vorhandenen Ressourcen in deinem Haushalt in die Planung einbeziehen. Ist beispielsweise ein (Allrad)Fahrzeug vorhanden, sollte dieses für die Flucht vorbereitet sein.

Hast du ein Insel-Balkonkraftwerk oder eine Solaranlage und eine Powerstation zuhause, musst du dir weniger Gedanken über einen Stromausfall machen, der die Gefriertruhe und die Wasserpumpe der Heizung außer Gefecht setzen könnte.
Balkonkästen und Hochbeete mit selbst gezogenem Gemüse, Kräutern und Salaten ermöglichen eine gesunde Ergänzung des eingelagerten Dosenfutters.

Fluchtfahrzeug »Version USA«.

Ein Schwedenofen sorgt bei Heizungsausfall mit Holz und Kohlen für Wärme im Wohnzimmer, und auf der Kochplatte wird gebruzzelt.
Dank eines E-Mountainbikes mit Anhänger und Fahrradtaschen schonst du den knappen Treibstoffvorrat.
Die Photovoltaikanlage auf dem Dach, Garten oder Balkon lädt das E-Auto und dein E-Bike und macht dich unabhängig von rationierten Treibstoffen.

Und nun die Königsklasse: Dein Wohnmobil steht vollgetankt für eine schnelle Flucht bereit. Die im Keller oder der Garage lagernden Vorräte, Treibstoffe und Gasflaschen garantieren am Ziel Autarkie für vier Wochen.

INSIDERTIPP:

Massenunterkünfte oder Flüchtlingscamps sind nur im Notfall aufzusuchen. Meist werden diese überbelegt, Vorräte und Wasser sind dort schnell aufgebraucht. Hygienestandards einzuhalten ist schwer, Diebstähle an der Tagesordnung, Krankheiten brechen aus. Im Kriegsfall werden sie gezielt oder irrtümlich zum Ziel von Terrorattacken wie der Angriff auf das Theater in Mariupol zeigt. Und ganz wichtig: Halt! Die! Klappe!

Erzähle niemanden außerhalb deiner Überlebensgruppe von deiner Vorratshaltung. Denn im Krisenfall stehen dann diese Personen mehr oder weniger freundlich gesinnt vor der deiner Türe!

Teil 2

Die fünf goldenen Regeln in Krisen

Das ideale Fluchtfahrzeug: der Land Rover.

Fünf goldene Regeln

Auf alle denkbaren Szenarien vorbereitet zu sein, ist schlichtweg ein Ding der Unmöglichkeit. Das würde bedeuten, sich für den Fall eines Atomschlages mit Schutzbunker, Strahlungsmesser, Schutzkleidung, Vorräten, Medikamenten bis hin zu Atemschutzmasken, auszustatten. Gleichzeitig auf eine größere Flutkatastrophe vorbereitet zu sein, heißt zusätzlich Sandsäcke, Schlauchboote, Außenborder, Treibstoffe, Petroleumöfen, bis hin zu Wasseraufbereitung und Taucherequipment einzulagern. Und wenn dann doch ein übergeschnappter Diktator einmarschiert? Hier brauchst du Schutzräume, Heizungssysteme, Vorräte, Medikamente und Wasser, sowie Ersatzlösungen für zerstörte Infrastruktur (Toiletten, Wasser, Stromversorgung usw.).

Deshalb befolge die 5 goldenen Regeln
für den Notfall:

1.

Raus aus der Stadt oder dem Bereich der Katastrophe!

2.

Bleib mobil!

3.

Lege Vorräte an und halte deine Infrastruktur (Heizung, Wasser, Abwasser, Strom) aufrecht!

4.

Sprich nicht über deine Vorratshaltung!

5.

Sorge dafür, dass du kommunizieren kannst!

H&M
コンタクト
ガスト
AEON
英会話イーオン
uc
VISA
Essential
もんじゃ
西村
Euphoria

Regel Nr. 1

Raus aus der Stadt oder dem Bereich der Katastrophe!

Verlasse das betroffene Gebiet so schnell wie möglich. Vermeide Massentransportmittel wie Bahn oder Bus, denn da landest du in Schutzräumen, Auffangstationen, Lagern oder Massenunterkünften. Das führt zu Regel Nummer 2:

Regel Nr. 2

Bleib mobil!

Mobil zu bleiben ist eines der mächtigsten Werkzeuge, einer Krise zu entgehen. Bist du nicht da, kann dich auch keine Krise bedrohen.

Stellen wir uns folgendes Szenario vor: Deine Wohnung ist ausgebrannt, du hast keine Hoffnung auf öffentliche Hilfe, weil die Verwaltungsstrukturen zusammengebrochen sind, deine Nachbarn sind ebenfalls obdachlos. Kurz und knapp – du hast kein Dach über dem Kopf. Viele Menschen konnten sich in der Vergangenheit nur deshalb aus dieser Situation retten, indem sie möglichst schnell Kilometer machten.

INSIDERTIPP:
Auto-Notausrüstung im Alltag

Eine warme Decke pro Person darf in keinem Auto fehlen, zusätzlich empfiehlt es sich, immer einen kompletten Satz Wechselklamotten und Schuhe vorzuhalten.
Ein 5-Liter-Wasserkanister und das Wasser mit Micropur o. Ä. konserviert, gehört genauso an Bord wie ein ausreichender Vorrat Dauernahrung: Haltbares (Pistazien, Nüsse, Kekse, NRG-5) bietet sich hier an.
Zur nicht-kalorienhaltigen, persönlichen Survivalausrüstung gehören immer ein Taschenmesser und individuelle Notwendigkeiten medizinischer Art. Auch eine Stirnlampe nicht vergessen, damit die Hände frei bleiben.

Um die heute nicht mehr wegzudenkenden, akkubetriebenen Alltagsbegleiter (Handy, Tablet, Laptop, etc.) aufladen zu können, bietet sich die Mitnahme eines Spannungswandlers an. Dieser wird über den Zigarettenanzünder des Autos betrieben und wandelt die 12-Volt-Spannung des Bordnetzes in 230 Volt. Zum Laden von Handyakku und Co. genügt ein einfaches Modell, das im Baumarkt knapp 50 € kostet. Auch die preiswerten USB-Ladebuchsen erfüllen diesen Zweck, sind aber nicht so vielseitig einsetzbar wie ein Spannungswandler.

2.1 Geeignete Fluchtfahrzeuge

Soll die Anschaffung eines fahrbaren Untersatzes mit dem Hintergedanken eines Fluchtfahrzeuges stattfinden, denk schon im Vorfeld über Folgendes nach: Welche Art der Motorisierung soll das Fahrzeug haben: Diesel, Benzin oder Elektro? Diesel ermöglicht, zumindest bei älteren Fahrzeugen, durch Heizöl, ja sogar durch Sonnenblumen- oder Frittenöl, ersetzt werden zu können. Und Heizöl ist in einer Katastrophe durch die noch weite Verbreitung von Ölheizungen und deren Tanks leichter verfügbar als Benzin, das oftmals rationiert wird.

Elektrofahrzeuge bieten den Vorteil, mit Strom betrieben zu werden. Strom kann zwar zeitweise ausfallen, bietet aber eine höhere Versorgungssicherheit als Tankstellen. Strom kann durch Solaranlagen und Generatoren erzeugt werden. Im Ukrainekrieg griffen die verteidigenden Ukrainer gern auf E-Autos, E-Motorräder und E-Bikes zurück, denn erstens waren diese geräuschärmer und Strom für die Antriebsbatterien war verfügbarer als die knappen fossilen Treibstoffe. Außerdem verfügen Stromer oftmals über eine leistungsstarke Internetanbindung, welche zur Routenplanung und Informationsgewinnung während der Fahrt genutzt werden kann.

Ultra Bike.

2.2 Das ideale Fluchtfahrzeug

- **Antriebsart:** Am besten ein Allradantrieb, aber meist wird es ein Vorder- oder Hinterradantrieb sein, ein Auto, das auch im täglichen Einsatz genutzt wird
- **Fahrzeugart:** Offroader/4WD vor Straßenfahrzeug, Größe (z.B. SUV, Van oder Bulli) vor Kleinwagen
- Anhängekupplung
- Schiebetür
- Reichlich Stauraum
- Getönte Scheiben
- Sitzbänke demontierbar oder zur Liegefläche umklappbar
- Robust, wenig Assistenzsysteme, aber Klimaanlage, Radio und Außenluftfilter
- Großer Tank, geringer Verbrauch, wenn möglich bei Dieselfahrzeugen kein AD Blue
- Keinen Notreifen, sondern Ersatzreifen, Wagenheber und Kreuzschlüssel
- Unauffällige Farbe

Für den, der alles hat und noch viel Geld dazu, gibt es natürlich noch Luft nach oben, um sein individuelles Fluchtmobil auszurüsten. Motorradfans werden zum Ultra-Bike (bspw. von Robo Systems) greifen, einem E-Motorrad, das in seinen Ballonreifen sogar 20 Liter Benzin bunkern kann. Benzin im E-Motorrad? Für was ist das denn gut? Um den eingebauten Generator zu betreiben, der wiederum die Batterien lädt.

INSIDERTIPP:

Die technische Ausstattung deines Fluchtfahrzeuges beginnt – das ist meine Meinung – mit einem sorgfältig ausgestatteten Werkzeugkasten. Das Bordwerkzeug eines normalen Autos ist absolut unzureichend für möglicherweise auftretende kleinere Reparaturen. Mein Werkzeugkasten beinhaltet zusätzlich eine Reihe von Improvisationsmaterialien. Draht verschiedener Stärken, unterschiedliche Klebebänder, mehrere Klebstoffe (Sekundenkleber, Zwei-Komponenten-Kleber, Heißkleber – funktioniert auch mit dem Feuerzeug –, Flüssigmetall, Allzweckkleber), Sicherungen, Elektrokabel und Lüsterklemmen, Dichtstoffe (Silikon, Auspuffreparaturmasse, Flüssigdichtung), Schmiermittel, ein Kontaktspray gegen oxidierte, elektrische Steckverbindungen und ein Strommessgerät. Die Motorsteuerelektronik ist Fluch und Segen zugleich. Heute kommt kein neu zugelassenes Fahrzeug mehr ohne sie aus. Der vorausschauende Survivor besorgt sich einen sogenannten OBD-II-Stecker.

Goat Trailer.

OBD-II-Stecker.

Dieser Diagnosestecker liest den Fehlerspeicher der Steuerungselektronik aus. Mit der beigefügten oder zusätzlich zu erwerbenden App überträgt er das Ergebnis auf das Smartphone oder Tablet. Es findet sich auch präzise auf dein Auto zugeschnittene Software. Es gibt sie oft gratis, manchmal kosten sie im App-Store einen Obolus. Dieser Stecker ist für dich das A und O bei einer Motorpanne und erstes Diagnosetool.

Auch ein Abschleppseil, oder besser ein Bergegurt, gehört in jedes Auto. Steckst du fest, helfen Fußmatten, ein Handhebelseilzug oder die im Fachhandel erhältlichen, »Anfahrhilfen«, quasi Minisandbleche. Sinnvoll sind auch ein Klappspaten und Schneeketten. Was im Winter auf schneeglatten Straßen hilft, das leistet auch im Sommer auf schmierigem Untergrund gute Dienste.

Die Hauptpannenursache ist laut ADAC-Statistik eine schwache/leere Autobatterie. Kein Frage: Die Reisebatterie muss in Schuss sein, auch bei einer neuen Batterie empfehle ich, ein Starthilfekabel mitführen.

Als »Luxusausstattung« habe ich noch ein Reifendruck-Prüfgerät und einen 12-Volt-Luftkompressor dabei. Das brauche ich, wenn ich auf weichem Untergrund den Reifendruck reduzieren möchte.

Stillstand im Stau.

Pick-up mit Wohnkabine.

Expeditionsfahrzeug und handelsübliches Wohnmobil.

Einige Anhängerhersteller bieten Survival-Campingwagen an. Einfach ankoppeln und los geht es. Offroadtauglich ist beispielsweise der Bruder EXP-8, an welchem sich Einbrecher die Zähne ausbeißen werden. Oder der Stockman Rover, ein geländegängiger Teardrop Wohnwagen, klein und unauffällig. Noch kleiner und noch geländegängiger ist der nahezu unzerstörbare Goat Trailer: einfach an ein Quad ankoppeln und ab in die Pampa.

Wer etwas komfortabler die Flucht antreten möchte, sollte sich das Hotomobil auf Fiat-Doblo-Basis mit einer Gesamtlänge von 5,40 Meter ansehen. In der Basisversion ausgestattet mit Toilette, Dusche, Zweiflammkocher und einem Kühlschrank. Ein weiterer Anbieter von Mini-Campern ist Mystic. Genügt es, das Fluchtfahrzeug beladen zu haben und fahrbereit zu sein? Nein, denn die Flucht kann schnell zu Ende sein. Stau, Unfall, Fahrzeugschaden, Überfall, zerstörte Straßen, Beschuss, keine Treibstoffe, oder wie in der Ukraine geschehen, die Beschlagnahmung des Fahrzeugs durch die Streitkräfte können dazu führen, dass dem Fluchtversuch schnell die Puste ausgehen kann. Dann ist es lebenswichtig, in die Wohnung zurückzukehren, in der Vorräte eingelagert sind.

Mehrköpfige Familien mögen sich nun sagen: »Ist ja schön und gut, aber wir brauchen Platz für mehr als zwei Personen und für die Vorräte im Kfz.« Drei Alternativen sind hier denkbar, sofern man auf die motori-

Unimog-Allradwohnmobil.

sierte Mobilität nicht verzichten möchte. Die einfachste wäre die Anschaffung eines handelsüblichen Wohnmobils.

Man gewinnt im Vergleich zum Pkw als Fluchtfahrzeug gewaltig an Wohnraum und Komfort und kann problemlos mit einer Familie unterkommen. Die Geländegängigkeit tendiert allerdings gegen null.

INSIDERTIPP:

Bei Nutzung als Urlaubsfahrzeug macht sich ein gebrauchtes Wohnmobil schnell bezahlt. Ich habe 21000 Euro für mein Womo gezahlt und in fünf Jahren etwa 300 Übernachtungen darin getätigt. Damit wurden um die 18000 Euro an Übernachtungskosten gespart.

Lkw-Expeditionsfahrzeug.

Eine Alternative wäre ein Wohnwagen, der von einem Geländewagen gezogen wird. Die sicher teuerste Variante sind geländegängige Kleinlaster wie Unimogs oder mit Vierradantrieb ausgestattete Lieferwagen à la Mercedes Sprinter.

Sie vereinen Geländegängigkeit und bieten genug Platz und Zuladung für einen Wohnaufbau. Ein hoher fünfstelliger Betrag ist das Minimum für eine ordentliche Lösung, es sei denn, man ist Bastler und verfügt über das Wissen und auch die technischen Möglichkeiten, ein Fahrzeug mit einem Wohnausbau zu versehen. Wer sich so eine Arbeit vornimmt, tritt möglichst schnell einem versierten Internetforum bei, über das neben viel Fachwissen auch Ersatzteile ausgetauscht und verkauft werden.

AUTARKIE DES AUTORS:

Grundsätzlich möchte ich es vermeiden, im Krisenfall auf öffentliche Transportmittel angewiesen zu sein. Bahn und Bus erlauben kein großes Fluchtgepäck und keine sichere und individuelle Fluchtroute. Außerdem landet man damit an Knotenpunkten und in chaotischen Menschenmassen, die dort stranden.

Ich habe mich deshalb für ein abgestuftes Mobilitätskonzept entschieden, das nicht nur im Krisenfall, sondern, ganz wichtig, auch im Alltag nutzbar ist.

- E-Auto: Renault Zoe
- E Bike: Fischer
- Wohnmobil: Chausson Allegro 69

Das E-Auto:

Ein Renault Zoe mit 220 Kilometer Reichweite, ist ein gutes Versorgungsfahrzeug. Die Zoe ist unauffällig und geräumig, der Rücksitz kann geklappt werden und ergibt bis 990 Liter Ladevolumen. Das Fahrzeug ist mit 24 Kilowatt Batteriekapazität in fünf Stunden über die Solaranlage auf dem Dach des Wohnhauses geladen. Auch aus jeder 220-Volt-Steckdose kann der Zoe in acht Stunden geladen werden. Im Notfall sogar durch die Solarzellen des Wohnmobils. Diese liefern jedoch nur 250 Watt pro Stunde und der Ladevorgang dauert mehrere Wochen! Im Wohnmobil steht als Notlösung noch ein mit Diesel betriebener Generator zur Verfügung, der mit etwa 3 Kilowatt Dauerleistung pro Stunde die Zoe in acht Stunden laden kann.

Günstig und praktisch: der Renault Zoe.

Die E-Bikes:

Desweiteren leisteten wir uns Fischer E-Mountainbikes mit Heckmotor (schont den Kettenantrieb) und jeweils einen Ersatzakku. Zusätzlich ein älteres E-Bike für Besorgungsfahrten mit Gepäckträger, Fahrradtaschen und Fahrradanhänger. Die E-Bikes sind auf dem Fahrradträger des Wohnmobils leicht mitzuführen und schnell montiert. Die Akkus werden aus der mitgeführten »Grecell Powerstation« geladen. Die Powerstation selbst lädt sich durch die Lichtmaschine oder die Solaranlage des Wohnmobils.

Für kurze Strecken: Fischer E-Bikes.

Das Wohnmobil:

Der Ducato als (älteres) Basisfahrzeug bietet einen hohen Versorgungsgrad an Ersatzteilen und eine einfache Instandsetzung und -haltung. Mein Baujahr kann noch mit Werkzeugkasten, Handbuch und etwas Geschick repariert werden und benötigt keine komplizierten elektronischen Bauteile und Diagnosegeräte. Ich meine auch, dass sich so wenig wie möglich elektronische oder elektrische Kinkerlitzchen im Basisfahrzeug befinden sollten.

Ein Elektromotor als Fensterheber ist aufwendiger zu wechseln als eine Fensterkurbel, ein Außenspiegel muss nicht beheizt sein.
Der robuste 2,5-Liter-Diesel sorgt für den Vortrieb und ein verlässliches 5-Gang-Getriebe für die Untersetzung. Er verträgt Heizöl, Frittenöl und sonstige Abfälle der Petrochemie. Nachteil ist, dass damit in Umweltzonen nicht eingefahren werden kann. Aber ob das im Krisenfall noch kontrolliert wird?

Ganz im Gegensatz zur Schlichtheit des Basisfahrzeuges präsentiert sich der Aufbau, denn Komfort in der Krise hält die Moral aufrecht. Eine elektrische Fahrtheizung und gasbetriebene Standheizung sorgen für mollige Wärme. Der 3-Platten-Gasherd erlaubt aufwändiges Kochen. Die weitere Ausstattung: Klimaanlage, Gas- und 12 Volt/220 Volt betriebener Kühlschrank, zusätzliche Diesel-/Heizöl-Standheizung, zwei 11-Kilogramm- Flaschen Gas, ein großes, fest montiertes Doppelbett mit bequemer Matratze und individuell einstellbaren Lattenrost. Ferner noch Boiler, Dusche, Thetford-Trockentoilette, 150-Liter-Wassertank mit Wasseraufbereitung, Satellitenanlage, W-LAN, Markise, viele Staufächer, Safe, Motorradträger am Heck für einen großen Staukasten (darüber montiert der Fahrradträger) sowie eine Solaranlage mit bis zu 250 Watt pro Stunde auf dem Dach. Darüber hinaus bestand der Wunsch nach einer Aufbauhöhe von höchstens drei Meter um durch fast alle Unterführungen zu kommen.

Wir rüsteten zusätzlich einige USB-Anschlüsse, LED-Lampen, Spannungswandler mit 450 Watt und 1500 Watt sowie Abluftventilatoren nach und bauten eine Grecell-Powerstation mit 1 Kilowatt Leistung ein. Wintertauglich ist das Wohnmobil durch eine Wasserheizung sowie Isolationsmatten für das Fahrerhaus und dicken Teppichen, die den Aufbau gegen Fußkälte isolieren.

Damit sind mindestens drei Wochen völlige Autarkie mit dem annähernden Komfort einer Ferienwohnung an fast jeglichem Standplatz garantiert. Meist geht dann auch nur das Trinkwasser aus.

AUTARKIE DES AUTORS:

Ich setze bevorzugt auf Fahrzeuge mit Dieselmotoren. Diesel ist für den Überlebenskünstler der bessere Treibstoff als Benzin, weil auch Heizöl, zumindest bei älteren Fahrzeugen, als Dieselersatz verwendet werden kann. Außerdem kann man Diesel ziemlich gefahrlos lagern, der Gesetzgeber erlaubt immerhin 200 Liter Diesel im Gegensatz zu nur 20 Liter Benzin in deiner Garage. Das entspricht in meinem Fall beruhigenden 2000 Kilometer Fluchtdistanz.

Ich kundschafte Treibstofflager in der Umgebung aus. Wo gibt es noch Sprit, wenn es an Tankstellen keinen mehr gibt? Oft haben Landwirte und Baufirmen ein Dieselfass oder einen Tank in ihrer Garage stehen, oder du findest Kraftstoffvorräte in den Tanks nicht mehr fahrbereiter Fahrzeuge.

DAS WICHTIGSTE IST:

Ich fahre spritsparend. Vorausschauendes Fahren hilft, um unnötiges Gasgeben und spritverschleuderndes Abbremsen zu vermeiden. Und ich greife nur dann auf ein motorisiertes Fahrzeug zurück, wenn andere Fortbewegungsmittel oder -arten wie elektro- oder muskelbetriebene Fahrzeuge oder Schusters Rappen nicht genutzt werden können.

CALTEX

2.3 Die Basisausstattung für die Flucht

Für die schnelle Flucht sollten in deiner Wohnung, Keller oder Garage, neben dem EDC, eine oder mehrere fertig gepackte, beschriftete, absperrbare Kisten und Kanister stehen, welche in ein paar Minuten in das Auto geräumt werden können. Die Kisten sollten nicht über 15 Kilogramm wiegen, sodass auch schwächere Personen diese problemlos in das Auto heben können.

Darin sind als Basisausstattung enthalten:

- Verpflegung (Dosen oder noch besser Notfallrationen wie MRE (»Meals ready to eat«) oder N-RG, und in der Dose versiegeltes Brot für eine Woche inklusive ausreichend Instantkaffee und Teebeutel
- Getränke für eine Woche (3 Liter pro Tag und Person
- Campinggas- oder Hobokocher mit Kartuschen und (Koch-) Geschirr, Feuerzeuge und Wasserdesinfektion (Micropur oder UV-Desinfektion)
- Tarp oder Plane
- Robuste Kleidung, Ersatzschuhe und Regenschutz
- Schlafsäcke in Kompressionssäcken, Schlafset mit Ohrenstöpsel, Schlafmaske und bequemer Nachtkleidung
- Waschschüssel mit Geschirrspülmittel und Tuben-Waschmittel
- Kuppel- oder Wurfzelt mit Heringen
- Baseballschläger oder Schlagstock
- Sanitärausstattung und Hygieneartikel (Toilettenpapier, Taschentücher, Seife, Zahnputz, notwendige Medikamente usw.)
- Solardusche
- Camping-Axt oder Baumsäge
- Reißfeste Tragetaschen oder Rucksäcke
- Taschenlampen und Batterien oder Akkus
- Faltbare Wasserkanister
- Aufblasbare Kopfkissen
- Treibstoffe in Kanistern, Schmiermittel
- Arbeitshandschuhe
- Auto-Verbandskasten
- Ladegeräte für die Verbraucher
- Geld in kleinen Scheinen (in etwa 700 bis 1000 Euro/Woche für zwei Personen rechnen)

2.4 Geeignete Fluchtwege und möglicher Abbruch

Denk daran: Willst du flüchten, musst du schnell sein. Viele andere werden auf die gleiche Idee kommen und im Automobil aus der Gefahrenzone flüchten. Bist du zu langsam, stehst du im Stau. Auf der Stadtautobahn nutzt dir dann auch der geländegängige Offroader nichts. Damit die Flucht schnell geht, übe das Verstauen im Auto und verteile die Arbeiten dazu. Der Kräftigste schleppt das Wasser, die anderen die Kisten.

Schaffst du es nicht aus der Stadt zu kommen, hängst du im Stau fest, oder dein Fluchtweg ist versperrt. Parke dein Auto, nimm nur den EDC, und geh zurück in deine vorbereitete Wohnung. Plünderer täuschst du, indem du im Auto Müll verteilst, einen Rückspiegel abtrittst und/oder leicht an eine Säule anfährst, sowie das Auto weiter demolierst, idealerweise die Airbags auslöst, oder in einem echtem Unfallfahrzeug abschneidest und im eigenen anklebst, sodass ein Autoknacker auf den ersten Blick ein versifftes Unfallfahrzeug wahrnimmt. Dass im Kofferraum noch wertvolle Vorräte lagern, bleibt ihm hoffentlich dadurch verborgen.

Musst du etwas transportieren und kannst weder auf Auto, Motorrad oder Fahrrad zurückgreifen, dann sieh dich nach einem Leiterwagen, Bollerwagen oder einer ähnlichen Karre um. Sehr gut geeignet sind die Karren auch zur Wasserversorgung über Kanister aus Wasserläufen, Seen oder Zapfstellen im nahen Umkreis.

INSIDERTIPP:

Ergänze deine Mobilität durch andere, weniger spritfressende Vehikel wie z.B. ein Motorrad oder ein Moped.

Auch das Fahrrad oder E-Bike ist eine in Erwägung zu ziehende Alternative. 70 bis 100 Kilometer pro Tag sind mit einem Fahrrad gut zu machen, und du bist völlig unabhängig von Sprit. Das Packvolumen kannst du mit Gepäcktaschen oder einem Fahrradanhänger erweitern. Schwere Rucksäcke sind zu längeren Fahrten ungeeignet.

-Bike mit Anhänger.

Bollerwagen.

2.5 Fluchtplanung

Wie oben bereits angesprochen: Willst du flüchten, musst du schnell sein. Deshalb vermeide alle Staugefahren. Wähle dir ein Ziel, das du im Krisenfall ansteuerst. Das kann Verwandtschaft oder Bekanntschaft sein, dein Ferienhaus, ein Campingplatz, ein von

INSIDERTIPP:

Detailliertes Kartenmaterial hilft dabei, eine Flucht zu planen und durchzuführen. Dazu benötigt man umfangreiches, großmaßstäbiges Kartenmaterial. Dieses in Papierform vorzuhalten ist zwar teuer, voluminös und unpraktisch, aber unerlässlich, wenn das Netz ausfällt, die Zelle tot ist oder das Smartphone leer ist.

Ich empfehle, sich bei Zeiten digitales Kartenmaterial zu besorgen. Kostenlose Karten finden sich mit etwas Googeln im Internet. Uneingeschränkt empfehlenswert ist z. B. die Seite https://garmin.bbbike.org/. Auf dieser findest du digitale OSM-Karten (OSM = Open street maps) hoher Qualität für jede Ecke der Erde. Du kannst dir über sogenannte Kacheln deine Karte zusammenstellen. Dabei empfehle ich – die Rechenleistung des Navis im Blick haltend – besser mehrere kleine Karten als eine große downzuloaden. Eine Pi-mal-Daumen-Richtlinie heißt: Nicht mehr als ein Kartenquadrat von mehr als 1000 Kilometer Kantenlänge. Aber das ist schon einiges. Die downgeloadeten Karten kann man direkt auf die Speicherkarte des GPS-Gerätes/Navis hochladen und ist so umfassend versorgt.
Zusätzlich lege ich eine Sicherungskopie auf einem Tablet oder Smartphone an. Dazu dient z. B. die kostenlose App »apemap« (im PlayStore oder App Store), die für Quadrate mit 100 Kilometer Kantenlänge geeignet ist. Um größere Karten zu nutzen installiere deshalb die kostenlose App »Oruxmaps«. In diese App füge ich die *.img-Kartendaten aus OSM (URL siehe oben!) ein. Eine geniale Sache. Metergenaue Navigation zum Nulltarif in kontinental-großen Karten.

dir als sicher eingeschätztes Gebiet, alles ausreichend weit weg vom Krisengebiet. Wie weit ist nun eine ausreichende Entfernung? Das hängt vom Krisenfall ab. Zwischen dir und dem Abwurfort einer Atombombe sollten mindestens 30 Kilometer Abstand sein, um keine gesundheitlichen Dauerschäden zu riskieren. Bei einem Erdbeben solltest du das betroffene Gebiet verlassen, ein Waldbrand zwingt dich zu sicheren 10 Kilometer Abstand. Angesichts einer territorial nicht einzuschätzenden Gefahr wie dem Ukraine-Krieg, in dem Putin mit seinen Raketen jeden Ort erreichen kann, ist es sinnvoll, das Land zu verlassen.

Bereite dich vor, um dein Ziel zu erreichen. Lagere ausreichend Treibstoffe und Vorräte ein und sorge für Ersatzreifen. Und plane die Fahrtstrecke.
Richte dir mehrere Fluchtrouten ein, davon eine entgegengesetzt zu deiner Hauptfluchtroute, vielleicht droht ja gerade von dort die Gefahr und du musst großräumig umfahren. Such dir neben einer Schnellstrecke (Autobahn, Schnellstraße usw.), die du aber nur, wenn du zu den Früh- und Schnellstartern gehörst, nutzt, einige Nebenstrecken. Je kleiner, desto besser. Landstraße vor Bundesstraße, Feldwege vor Landstraße. Wenn möglich, plane gedeckte Strecken ein, durch Wälder oder in Talstraßen. Vermeide mögliche Staufallen sowie Engstellen wie Städte, Brücken oder Tunnels. Hüte dich vor Flaschenhälsen, dort werden gern Kontrollstellen aufgebaut und Unberechtigte zurückgewiesen. Mach dich mit der Fluchtstrecke vertraut. Wo sind unterwegs Versorgungsmöglichkeiten, Tankstellen, Übernachtungsorte? Welche Grenzübergänge sind nicht dauerhaft besetzt? Fahr diese geplanten Strecken ab,

AUTARKIE DES AUTORS:

Als am nördlichen Rand der Alpen lebende Zeitgenossen planen wir einen kurzfristig erreichbaren Fluchtort mit einer Aufenthaltszeit von bis zu vier Wochen. Er liegt Richtung Süden direkt in einem tief eingeschnittenen, wenig besiedeltem Alpental, etwa 25 Kilometer entfernt von meinem Wohnort. Dort liegen im Schutz der Felsriesen, neben Bergbächen zur Wasserversorgung, einige abgeschiedene Wanderparkplätze, die gut mit dem Wohnmobil erreichbar sind. Auch haben wir in einer Nacht-und-Nebel-Aktion in einem Wäldchen Vorräte vergraben. Im Tal gibt es zwei Campingplätze und eine ausreichende Versorgungsinfrastruktur mit Supermärkten und Tankstelle. Im Notfall sind wir in 40 Minuten mit dem Wohnmobil und dem E-Auto vor Ort.

Für die Flucht in die nördliche Richtung sind wir bei Verwandten in Niederbayern angemeldet. Falls dort ein Aufenthalt nicht möglich ist, haben wir mit befreundeten Familien aus München einen kleinen Vierseithof in Thüringen zum Fluchtrefugium ausgebaut. Dort erwarten uns gut versteckte, haltbare Vorräte für sechs Monate, Brunnen, ein Schutzkeller, Anbaufläche, Gewächshaus und Obstgarten, Traktor, Saatgut, Solaranlage, Treibstoffe, usw. für ein längerfristig autarkes Leben.

Vorbereitet auf die Krise.

wo die Zufahrt für den Pkw untersagt ist, mach eine Radtour. Falls die Ausfallstrecken aus der Stadt schon verstopft sind, halte Ausschau nach Einbahnstraßen mit Fahrtrichtung in die Stadt hinein. Während die Fluchtrouten hinaus aus der Stadt dicht sind, will keiner in die Stadt hinein und dementsprechend leer sind diese Einbahnstraßen, die du vorsichtig entgegengesetzt oder rückwärts befährst.

Das Every Day Carry (EDC).

Regel Nr. 3

Leg Vorräte an und halte deine Infrastruktur (Heizung, Wasser, Abwasser, Strom) aufrecht

INSIDERTIPP:

Lege deine Eier nicht nur in ein Nest! Verteile deine Vorräte auf mehrere Depots. Wohnst du in einem Erdbeben- oder Überschwemmungsrisikogebiet, dann lagere die Vorräte auf dem Speicher ein. Ist das Haus überschwemmt oder zusammengestürzt, sind diese Vorräte leichter zu bergen als aus verschütteten Kellern. Hast du eine zweite Lagerstätte, stell dort auch Alukisten mit Vorräten ab. Das kann auch auf der Arbeit sein, frag deinen Chef. Das kann bei Freunden sein, die im Gegenzug bei dir einlagern. Das kann ein Gartenhäuschen sein oder ein selbst gegrabenes Depot in einem dicht bewachsenen Waldstück. Denk auch an Medikamentenvorräte und Hygieneartikel und – ganz wichtig – an Tauschgüter.

3.1 Das EDC (Every Day Carry)

Kurz gesagt: Alles, was du vor der Krise durchdacht, beschafft, eingelagert und vorbereitet hast, entlastet dich. Deshalb beginne ich mit der Basis aller Vorratshaltung, dem Every Day Carry kurz EDC: EDC steht für die englische Abkürzung »Every Day Carry«. Damit ist ein Gegenstand gemeint, den man jeden Tag (»everyday«) bei sich trägt (»carry«). Jetzt bitte bloß nicht erschrecken. Ich spreche hier nicht von einer umfangreichen Survivalausrüstung, die man 24 Stunden am Körper trägt und sich selbst beim Duschen nicht davon trennt.

Das EDC dient lediglich den rudimentärsten Überlebensstrategien.

Mein EDC ist ein kleines, handliches Tragebehältnis. Ich wählte dafür einen kleinen Rucksack, den sogenannten City-Rucksack. Die Art des Behältnisses ist egal, Hauptsache ist, es passen ein paar überlebensnotwendige Gegenstände hinein und du fühlst dich damit wohl. Du solltest es immer dabei haben, wenn du deine Wohnung verlässt. Die Rucksackvariante hat den Vorteil, dass die Hände frei bleiben.

INSIDERTIPP:

Zwei ineinandergesteckte trockene Kondome sind ein wertvoller Safe für Geldscheine und verkleinerte Kopien deiner Papiere. Du rollst das Papierbündel so eng wie möglich zusammen und fixierst die Rolle mit einem Bürogummi. Dann steckt du die Papierrolle in die Kondome, verknotest diese und bindest sie mit einem Paracord um die Hüfte. Et voilá, ein gut in der Unterhose oder Körperöffnungen versteckter Kondom-Safe. Nicht ortbar, wasserdicht und, solange du nicht nackt bist, auch nicht sichtbar.

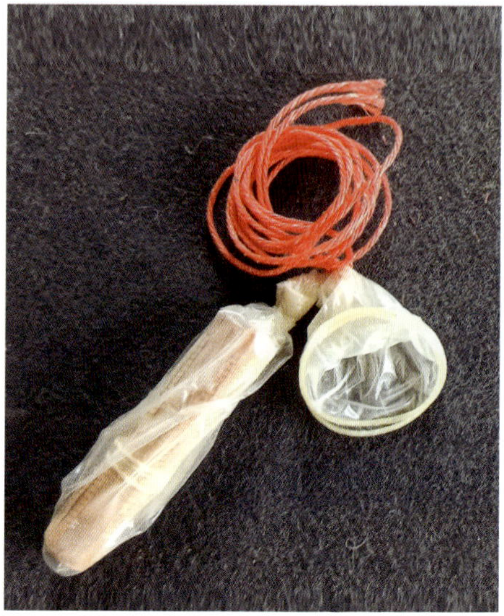

Sicheres Geldversteck: der Kondom-Safe.

INSIDERTIPP:

Ich empfehle den EDC an der Garderobe abzustellen, dem Ort, an dem du bei einer Flucht nicht nur das EDC, sondern auch eine Jacke oder im Winter den Anorak greifen kannst.

Was gehört in ein EDC? Beginnen wir bürokratisch. **Ausweispapiere, Führer- und Kfz-Schein** (neudeutsch: »Zulassungsbescheinigung Teil I«). Die alte Globetrotterweisheit »Es darf dir alles gestohlen werden, nur nicht der Pass« leuchtet hier durch.

Victorinox, Opinel und BW-Messer (von l. n. r.).

Weiter brauchst du **Geld**. Führe immer einen angemessenen Betrag in Bargeld bei dir. Dein Vorrat von 500 Euro besteht aus kleinen Scheinen. Lieber zehn Zehner als ein Hunderter. Und bastele dir einen Safe aus Kondomen. Denke auch an einen gewissen Münzvorrat, an deine **Bankkarte** und deine **Kreditkarte(n)**. Im Notfall bist du mit dieser Ausstattung zumindest ein Mensch – du kannst dich ausweisen, bist zahlungsfähig und mobil.

Als weiteres brauchst du ein **Messer**. Ich setze seit Jahrzehnten auf die Taschenmesser von Opinel. Diese rudimentär einfachen, bei Längen unter 12 Zentimetern absolut legalen Messer, darf man überall dabei haben. Selbstredend sind alle anderen Taschenmesser, wie die kleinen, roten Helden von Victorinox aus der Schweiz, die sogar mit eingebauten USB-Stick erhältlich sind, tauglich. Oder die praktischen Bundeswehr-Taschenmesser.

INSIDERTIPP:

Legale Messer definieren sich in Deutschland in erster Linie durch den ihnen vom Hersteller zugedachten Verwendungszweck. Eine Machete, die du zum Schwänden deines Waldgrundstücks nutzt, ist demnach keine Waffe, sondern ein Werkzeug. Der Besitz und das Führen fallen nicht unter das Waffengesetz, solange du damit arbeitest.

Oft hört man die Angabe, dass feststehende Messer 12 Zentimeter Klingenlänge nicht überschreiten dürfen. Ein schneller Test dafür ist die Handfläche. Die Handfläche eines erwachsenen Mannes misst um die 10 Zentimeter. Bitte messe bei deiner Hand vorher nach, bevor du dich auf diesen Trick verlässt! Bei allen Messern, die darüber hinausragen, kann es rechtlich problematisch werden. Hier gilt wieder unser Einleitungssatz: Ist das Messer als Werkzeug konzipiert, gibt es kein Problem. Ist es dagegen als Waffe hergestellt, fällt es unter die Reglementierungen des Waffengesetzes. Es ist also falsch zu behaupten, dass alle Messer mit einer Klinge länger als 12 Zentimeter automatisch verboten sind. Dasselbe gilt für Messer, die einhändig geöffnet werden können. Diese sind verboten, es sei denn ihr Einsatzzweck rechtfertigt ihr Führen. Keine Probleme macht auch ein Hori-Hori oder Grabemesser als Werkzeug. Die Verwendung beziehungsweise das Führen eines Messers zu Zwecken der Selbstverteidigung ist vom Gesetzgeber grundsätzlich nicht vorgesehen.

Wichtig: Diese Hinweise sind rechtlich nicht überprüft und möglicherweise fehlerhaft oder unvollständig. Als Autor übernehme ich keinerlei Haftung. Eine schöne Zusammenstellung der in diesem Sinne einschlägigen Gesetze und Vorschriften findet sich beispielsweise auf der Homepage des Solinger Messerherstellers Böker (www.boker.de/waffenrecht.html), ein erster Überblick auf der Seite des Bundeskriminalamtes (www.bka.de/nn_196106/DE/ThemenABisZ/HaeufigGestellteFragenFAQ/Waffenrecht/waffenrechtFrage03.html).

Stich- und Schlagwaffen.

INSIDERTIPP:

Notwehr ist die Verteidigung, die erforderlich ist, um einen gegenwärtig rechtswidrigen Angriff von dir abzuwenden. Kommst du jemand anderem zu Hilfe, dann nennt sich diese Variante der Notwehr im Juristendeutsch »Nothilfe«. Liegt Notwehr oder Nothilfe vor, brauchst du – egal in welcher Form und mit welchen Folgen für deinen Gegner du dich wehrst – dafür keine Bestrafung fürchten. Jedoch muss deine Notwehrmaßnahme »angemessen« sein. Nachzulesen steht dies in § 227 BGB. Verteidigen darfst du sämtliche Individualrechtsgüter, wie Leben, Leib, Freiheit, Ehre, Eigentum, die in § 34 StGB »Rechtfertigender Notstand« aufgeführt sind.

INSIDERTIPP:

In das EDC kommt das Opinel. Wenn es für mehrere Tage ins Gelände geht und »Holzfällarbeiten« anstehen, dann kommt das Ultimate Pro der Firma Gerber mit.

Du tust auch gut daran, Feuer dabei zu haben. Ein Feuerzeug gehört definitiv in dein EDC. Lass Vorsorge gedeihen! Feuerzeuge sind nicht wasserresistent. Dicht verschließbare Gefrierbeutel können helfen.

Messer und Feuer, die Bürokratie ist sowieso schon abgehandelt, das Überleben macht langsam Spaß. Es fehlt aber noch

Feuerzeuge kann man nicht genug haben.

jede Menge in unserem EDC. Beispielsweise ein Kugelschreiber. Abgesehen von sämtlichen Schreibaufgaben, mit einem Kugelschreiber kannst du auf Zettelchen Nachrichten hinterlassen, wichtige Informationen festhalten

Bleiben wir technisch. Und da kommen wir nun zu deinem zu deinem **Smartphone**. Der bunte Touchscreen verschlingt Unmengen an Akkukapazität, das Teil muss schnell wieder an die Steckdose. Aus diesem Grund denkst du daran, das **Ladegerät** mitzunehmen. Es schadet nicht, auch eine Powerbank oder Powerstation einzupacken, mit der du das Smartphone mehrmals nachladen kannst.

Pfiffige Modelle verfügen über Solarzellen, die es dir erlauben, die Powerbank bei Sonne zu laden.

Wer möchte kann sich natürlich auch ein **Akkumonster-Outdoorhandy** zulegen. Blackview, Oukitel, Cat, Oscal bieten Smartphones mit langen Standby-Zeiten (bis 1200 Stunden beim Oscal S80) und ungewöhnlichen Zusatzfunktionen, wie Nachtsicht oder Infrarot. Mache dein Smartphone wasserdicht, z. B. mit einer Lifeproof-Hülle (www.lifeproof.com) oder – aber nicht so chic – mit einem Ziploc-Beutel (www.ziploc.com).
Bleiben wir elektrisch. Ich führe im EDC auch immer eine kleine Taschenlampe mit.

Ideal für Datensicherung: der USB-Stick.

Robustes Outdoor-Handy mit Powerbank von CAT.

Und zwar so eine, die nur eine einzige AA oder AAA Batterie zur Versorgung braucht. Gleichzeitig hält die Batterie für viele Stunden. Statt der Taschenlampe kannst du auch eine Stirnlampe wählen, dann hast du die Hände frei. »Petzl« bietet hier eine große Auswahl von **Stirnlampen** mit verschiedenen Helligkeitsstufen, Fokuseinstellung und eine Lumineszenzfunktion, um auch in stockfinsterer Nacht sofort gefunden werden zu können.
Zusätzlich, als Back-up, empfehle ich eine entsprechende App auf dem Smartphone zu installieren, diese ersetzt zumindest kurzzeitig eine Taschenlampe. Das Thema »Fernlicht« kannst du in Sachen Smartphone komplett vergessen.

In dein EDC gehören des weiteren Kopien aller Schlüssel, die dich und dein Leben begleiten. Wohnungsschlüssel, Autoschlüssel, der Schlüssel für dein Fahrradschloss, evtl. der Schlüssel für deinen Waffenschrank und für deinen Tresor.
Langsam füllt sich das EDC. Denke noch an mehrere Packungen **Taschentücher**.

Stirnlampen für jeden Zweck.

Lebensnotwendig: der Schlüsselbund.

Notvorrat Trinkwasser: ECO-Flasche von Tupperware.

Mit diesen hast du auch Notpack-Toilettenpapier dabei und einigermaßen sauberes Notfall-Verbandsmaterial, um Wunden abzudecken.
Ich empfehle, in das EDC auch eine **Sonnenbrille** zu packen. Der Autofahrer braucht die sowieso, besonders im Winterhalbjahr, wenn die Sonne tief über dem Horizont steht und morgens und abends blendet. Auf Schnee und hellem Sand bist du ohne Sonnenbrille im Extremfall der Schneeblindheit nahe.
Schütze deine Augen, du hast nur zwei!

Last but not least führe ich eine **Trinkflasche** mit. Ein halber Liter bis 0,75 Liter sind zunächst völlig ausreichend. Ich setze auf die absolut dichte, stabile und sehr praktische »ECO-Flasche« von Tupperware, die es auch in der 1-Liter-Version gibt. Übrigens kannst du EDCs auch komplett gepackt erwerben. Das Internet hilft hier weiter.

Tausend Anwendungen: Mutlitool.

Hochkalorische Energieversorgung: der NRG-5.

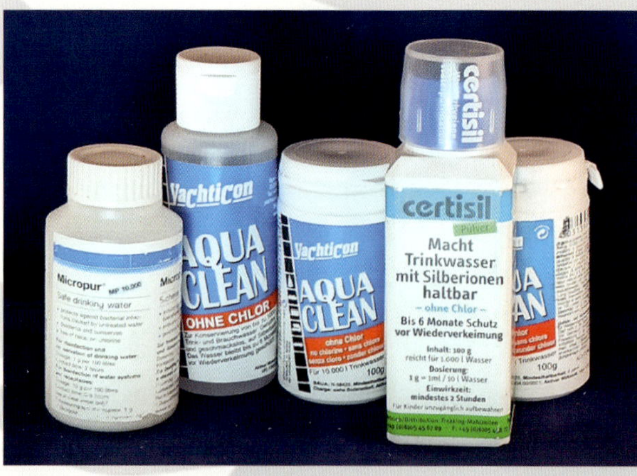

Ganz wichtig: sauberes Trinkwasser durch Wasserentkeimer.

Weitere Dinge, mit denen du dein EDC bestücken kannst:

- Multitool
- Rettungsdecke
- Block zum Schreiben
- Pflaster
- GPS-Tracker
- Lock Picks (Dietriche)
- Energieriegel (z.B. NRG-5)
- Medikamente
- Schlauchtuch
- Wasserentkeimer/Wasserentkeimertabletten
- Solar-Powerbank

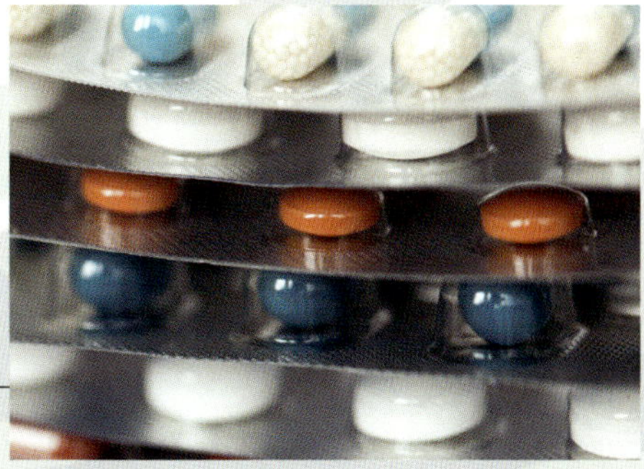

Wichtige Medikamente immer mitführen.

Immer griffbereit: das EDC.

3.2 Selbstverteidigung

Achtung: *Die folgenden Hinweise sind Stand 2023 und rechtlich nicht geprüft. Außerdem kann sich die Gesetzeslage jederzeit ändern. Als Autor übernehme ich keinerlei Haftung.*

Willst du dich verteidigen? Schlechte Karten hast du mit fast jeder Waffe (Messer, Schlagstock, Schlagring, Schusswaffe usw.). Denn damit kommst du bei einer Kontrolle mit dem Gesetz in Konflikt. Und bei einem ernsthaften Angriff mit einem Pfefferspray herumzufuchteln, ist nicht sehr beeindruckend, insbesondere wenn du in der Windrichtung stehst. Eine Alternative könnte dann ein »Tactical Pen« sein, ein verstärkter Kugelschreiber, der als Stichwaffe eingesetzt werden kann.

Schreiben und Verteidigen: der Tactical Pen.

Bekannte Marken von Tactical Pens sind Böker und Kubotan.

Schlagkräftig: Kubotan.

Eine weitere legale Alternative, um Angreifer abzuwehren, ist ein Sicherheitsschirm. Das ist ein unauffälliger, aber extrem stabiler Regenschirm. Der Umgang damit sollte jedoch geübt werden. Auch Zwillen ohne Armstütze entfalten eine gute Wirkung, um einzelne Aggressoren auf Abstand zu halten. Oder ein Baseballschläger.

Waidmannsheil.

In Deutschland macht es keinen Sinn sich mit Schusswaffen auszurüsten. Ist die Bewaffnung legal, z.B. als Jäger oder im Wachdienst, werden die Waffen wahrscheinlich in einer Krise durch die Behörden beschlagnahmt, denn die Schusswaffen sind registriert. Auch auf der Straße solltest du in einer Krise auf keinen Fall mit Waffen erwischt werden. Denk immer daran: Im Krisenfall wirst du laufend kontrolliert und durchsucht, oft läufst du einer Patrouille in die Arme. In Überlebenshandbüchern werden manchmal Schreckschusspistolen (kleiner Waffenschein erforderlich) empfohlen. Davon halte ich nichts, denn damit besteht die Gefahr dass eine Situation eskaliert und du verletzt wirst. Halte liebe »Opfervorräte« bereit, ein kleines Depot an Lebensmitteln, oder einen mit geringer Geldmenge bestückten Geldbeutel, die du in kritischen Situationen auslieferst.

Erfahrungen des Autors: In Amsterdam, während eines Überfalles, und auf einem Fährboot in Venedig wurden mir nur die »Opfergeldbeutel« gestohlen, während größere Geldsummen sicher im Geldgürtel verwahrt waren.

INSIDERTIPP:

Achtung: In normalen Zeiten ist jede Art der Jagd ohne Berechtigung (Jagdschein) Wilderei und wird strafrechtliche Konsequenzen nach sich ziehen.
Als Alternative, um den Kochtopf zu füllen, bieten sich im Notfall, und nur im Notfall, verschiedene Möglichkeiten an: Für die Jagd auf Kleintiere ein Jagdbogen, eine Armbrust oder ein erlaubtes Luftgewehr mit Spitzgeschossen. Denk auch an Draht für Schlingenfallen, gerade in den städtischen Anlagen tummeln sich oftmals Tauben, Kaninchen und Hasen in abgelegenen Ecken, welche eine willkommene Ergänzung des Speiseplanes darstellen. Hier kannst du auch eine Zwille einsetzen. Auch solltest du das Zerlegen der Beute beherrschen.

Bogenschießen muss gelernt werden.

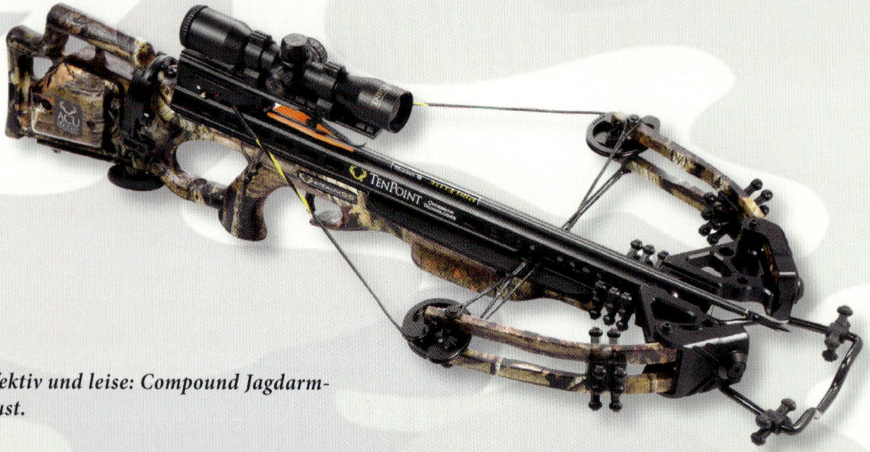

Effektiv und leise: Compound Jagdarmbrust.

Einfache Zwille.

Für die Kleintierjagd: das Luftgewehr.

Ein gutes Abschreckungsmittel ist und bleibt ein großer Hund. Wenn der knurrt und bellt, meidet dich auch ein übelwollender Zeitgenosse. Aber dann musst du auch das Hundefutter für »Hasso« bunkern.

Lupo: mein treuer Begleiter.

Autarkie des Autors:

Lupo, ein Schäferhundmischling, begleitet mich seit 2020 bei meinen Abenteuern und bewacht als »Alarmanlage« Haus und Hof.

Zusätzliches für das EDC.

3.3 Nahrungsmittel

Fakt ist, dass der Körper eines durchschnittlich aktiven Erwachsenen etwa 2000 Kalorien für seinen energetischen Grundumsatz bedarf. Täglich. Diese Kalorienmenge deckt alle Basisfunktionen des Körpers ab. Neben dem Grundumsatz benötigt der Körper aber auch Energie für den Leistungsumsatz. Bei einem eher gemütlichen Typ mögen um die 1000 Kilokalorien ausreichen. Mit steigender körperlicher Betätigung steigt dieser Wert um ein Mehrfaches. Radprofis bei Bergetappen der Tour de France verputzen täglich an die 10000 Kilokalorien.

Kalorientabelle

Lebensmittel ▲	Menge	Kalorien ⬍
1955 Burger	100g	223 kcal
Bacon & Egg McMuffin	100g	228 kcal
BBQ Rib	100g	174 kcal
Bean Burrito	100g	204 kcal
Big Bacon & Eggs	100g	190 kcal
Big Chicken TS	100g	226 kcal
Big King	100g	277 kcal
Big Mac	100g	225 kcal
Big Tasty Bacon	100g	259 kcal
Bismarck Baguette	100g	158 kcal
Bratwurst	100g	291 kcal
Bremer Fischbrötchen	100g	204 kcal

INSIDERTIPP:

Berechne deinen täglichen Kalorienbedarf mit dem Kalorienrechner auf der Internetseite www.apotheken-umschau.de/kalorienrechner.

Nur zwei Wochen kannst du vom oftmals vorhandenen Wohlstandsbäuchlein zehren, danach wirkt sich der Mangel an Kalorien auf deine Handlungsfähigkeit und dein Denken massiv aus. Ein quälendes Hungergefühl nimmt dich derart in Besitz, dass dein gesamtes Denken und Handeln um die Beschaffung von Essen kreist. Wohl dem, der vorgesorgt hat und über ausreichend viele Nahrungsmittel verfügt.

Das soll aber nicht bedeuten, dass du dich zurücklehnen kannst und im Krisenfall von deinen Vorräten zehrst. Gerade dann ist es unerlässlich, die Vorräte ständig zu strecken und zu ergänzen. Was dir die Natur zum Verwerten liefert, wird gesammelt, seien es Bucheckern, Beeren, Pilze, Obst, Gemüse oder im Notfall sogar Regenwürmer. Du nutzt alle dir sich bietenden zusätzlichen Nahrungsquellen und durchsuchst Supermärkte nach Resten, verlassene Backstuben nach Mehl. Aufgegebene Äcker und Schrebergärten können dir Nahrung liefern, selbst in abgefischten Teichen findet sich vielleicht noch ein Schuppentier. Die Liste lässt sich fortführen.

Spielen wir gedanklich die Abläufe einer Unterversorgung oder sogar den Ausfall der kompletten Lebensmittelversorgung durch. Bricht diese zusammen, wird in urbanen

Geplündertes Supermarktregal.

Gebieten nach einem kurzen Zeitraum, in dem die vorhandenen Ressourcen verbraucht werden, ein Verteilungskampf ausbrechen. Das geht ziemlich schnell, in höchstens zwei Wochen ist alles weg, da das Belieferungssystem des Einzelhandels auf »Just in Time« ausgelegt ist und kein Supermarkt große Lagerkapazitäten aufweist. Hamsterkäufe und Plünderungen beschleunigen den Ausverkauf.

Gut ist es, wenn du weißt, wo die Distributionszentren der Lebensmittelketten sind. Das sind die großen Zwischenlager, meist in der Nähe von Autobahnen, welche Waren für die Märkte kommissionieren. Versuche in der Anfangsphase so viel Lebensmittel wie möglich zu kaufen oder zu tauschen, solange dein Geld noch Kaufkraft hat. Führe bei deinen Hamsteraktionen auch Tauschmittel mit.

Zu Beginn einer Krise wird sich hier und da noch ein Optimist finden, der einem i-Pad oder einer Goldmünze Wert beimisst und solche Dinge gegen Essen und Vorräte tauscht. In der Folgezeit werden die Verteilungskämpfe mit zunehmender Lebensmittelknappheit eskalieren. Gruppen werden sich zusammenrotten und versuchen, gemeinsam und gewaltsam an Lebensmittel und sonstige Vorräte zu gelangen.

Bleibe in dieser Phase zu Hause und lebe sparsam von deinen Reserven. Verhalte dich unauffällig und versuche, mit deinen Vorräten nicht entdeckt zu werden.

Mein Hamsterkauf im Kofferraum des Zoe.

Lock Picks öffnen jedes Schloss.

Damit kommst du fast überall hinein.

Nach spätestens sechs bis acht Wochen sind die Reserven in den urbanen Zentren aufgebraucht, nach weiteren drei Monaten sind in einer Stadt wie München, bei großflächigen Zerstörungen und ohne Hilfe von außen, vermutlich etwa 40 Prozent der Bevölkerung geflüchtet, verhungert oder an ausbrechenden Krankheiten verstorben. Dennoch warten in vielen Gebäuden noch Lebensmittelvorräte auf den Finder. Keller mit Eingemachtem, Küchenschränke, Speisekammern usw. In diese Gebäude hineinzukommen, ist nicht immer einfach. Ein Dietrichsatz oder elektrischer Lock Pick für abgeschlossene Türen kann dein Überleben sichern.

Auch das gute alte Brecheisen oder der Bolzenschneider verschaffen dir Einlass. Juristisch gesehen ist das geschilderte Verhalten Einbruch. Seine Berechtigung findet es, wenn nach einer Katastrophe langfristig die öffentliche Ordnung zusammenbricht, und nur noch das Gesetz des Stärkeren gilt.

Spinnen wir das Katastrophenszenario weiter. Inzwischen haben auch die Schädlinge zugenommen. Mäuse, Ratten, verwilderte Haustiere, Krähen usw. bereichern, vorausgesetzt du besitzt die entsprechenden Fallen oder Jagdwaffen, den Speiseplan.

»Wie viel muss ich einlagern?", wirst du dich fragen. Das kommt darauf an, ob du Optimist oder Pessimist bist. Ein Optimist hofft, nicht im Winterhalbjahr, also nach der Ernte, in eine Katastrophe zu schlittern und wird darauf vertrauen, dass schnell externe Hilfe zu ihm findet. Er wird sich auf zwei bis vier Wochen Vorräte verlassen, um die schlimmste Zeit zu überstehen. Ein Pessimist hingegen wird sich für zwei Jahre bevorraten, da er davon ausgeht, erst mit der zweiten Ernte selbst auskömmlich leben zu können. Damit hängt die Größe deines Lebensmittelvorrates zum einen von der Dauer der geplanten Versorgung ab. Zum anderen von der Anzahl der Personen, die versorgt werden müssen. Ich empfehle als

Lebensmittelbedarf pro Person

Wie viel berechnet sich konkret für einen Menschen? Pro Jahr rechnet man mit etwa 500 bis 600 Kilogramm Essen für eine Person. Dieses besteht idealerweise aus 200 Kilo Obst, 200 Kilo Gemüse, 110 Kilo Getreide/Mais und 90 Kilo Eiern/Fleisch/Fisch. Das entspricht also etwa 50 Kilo Essen pro Monat. Nun kann sich jeder selbst seinen Überlebenshorizont nach der Formel »Anzahl der Monate x 50 Kilo x Anzahl der Personen« berechnen.

Linsen: lecker und gesund.

Faustregel, dass du für sechs Monate 100 Prozent der benötigten Nahrung einlagern solltest.
Daraus ergibt sich ein reiner Gewichtswert, der nichts über die Qualität und die Energiedichte der Nahrungsmittel ausführt.

INSIDERTIPP:

Einen informativen Vorratskalkulator findet man unter www.ernaehrungsvorsorge.de, einer Seite des Bundesministeriums für Ernährung und Landwirtschaft. Hier besteht auch die Möglichkeit, die Personenzahl einzutragen.

Wo sollte nun die Einlagerung stattfinden? Manche Lebensmittel wie z. B. Kartoffeln müssen dunkel und trocken gelagert wer den, da ist ein Kellerraum oder ein Erdkeller fast unumgänglich.

Dauerhaft haltbare Lebensmittel sollten in der Stadt unter dem Dach, im Falle von Konserven, hitzegeschützt aufbewahrt werden. Eine Dachkammer ist ideal. Hat ein Erdbeben das Gebäude zum Einsturz gebracht, musst du dich nur durch das Dach graben. Auch bei einer Überschwemmung bleiben die Lebensmittel unter dem Dach mit geringem Aufwand zugänglich.

Kartoffeln: nahrhaft und haltbar.

Außerdem sind unter den Dächern weniger Schädlinge wie z.B. Ratten unterwegs. Worin sollten die Vorräte aufbewahrt werden? Sehr gut verwendbar sind große Blechkisten oder verschließbare Plastiktonnen, etwa Weithalstonnen, wie sie für Chemikalien verwendet werden. Diese Behältnisse sind auch wasserdicht.

Weithalstonnen: ideal für die Lagerung von Lebensmitteln.

Robuste Expeditionskisten, z. B der Firma »Zarges«, sind ebenfalls geeignet. Gleichwertig eignen sich die sogenannten Oskar-Tonnen, das sind Plastiktonnen mit Deckel. Alle zwei Monate sollte geprüft werden, ob sich Schädlinge Zugang zu den Vorräten verschaffen konnten.

Wie bereits beschrieben gilt es, von Anfang an den Lebensmittelvorrat durch Lebensmittel aus der Natur zu strecken und aufzustocken. Diese ist ein Füllhorn an Nahrungsmitteln. Tiere, Pflanzen, Büsche, Bäume, ja sogar Insekten und Blumen bereichern den Notspeiseplan. Frische Lebensmittel tragen darüber hinaus zur Vitamin- und Mineralstoffversorgung bei und enthalten lebensnotwendige Spurenelemente. Das hält dich gesund.

Hilfreich, um Kleintiere (Vögel) zu jagen, ist ein Luftgewehr oder eine Jagdzwille mit Stahlkugeln. Die Zwille wird niemals Mangel an Munition erleiden, denn die Kugellager der überall herumstehenden Autos liefern beste Stahlkugeln zur Jagd.

Beachte: Luftgewehre und Präzisionsschleudern mit Armstütze fallen in Deutschland unter das Waffengesetz.

Luftgewehr mit Zieloptik.

Erfahrung des Autors:

Wir hatten bei einer Kanutour im Saiima Seengebiet in Finnland unsere Vorräte in Weithalskanistern aus Plastik und Pappkartons im Zelt verstaut. Täglich warfen wir einen Blick hinein und es schien alles in Ordnung. Als wir uns durch die Vorräte aßen, waren jedoch die Kartonverpackungen leer. Ameisen hatten sich über Nacht einen Weg in die Kartons gefressen und Reis, Hirse und Nudeln in ihren Bau geschleppt.

orratskisten
r zwei Per-
nen für drei
onate.

Der Überlebenskünstler befasst sich im Rahmen der Vorbereitung intensiv mit essbaren Pflanzen. Hier eine Auswahl an heimischen Bäumen und Pflanzen, die dir Nahrung liefern können.

In 30 Minuten erntest du hier 500 Gramm Salat.

Ahorn.

Ahorn bietet dir nahrhafte Blätter, man isst aber nur die jungen. Auch seine Blüten und Samen sind essbar. Aus seinem Stamm gewinnt man Ahornsirup.

Vom **Apfelbaum** sind nicht nur die Äpfel, sondern auch seine jungen Blätter zum Verzehr geeignet.

Buche.

Auch die **Buche** ist des Survivors Freund. Ihre jungen Blätter sind essbar. Die Früchte, die Bucheckern, sind eine wahre Mast und enthalten viel Energie. Vor dem Verzehr entfernst du die Schale. Bucheckern enthalten Oxal- und Blausäure. Werden sie geröstet, entweicht allerdings die Säure und man kann ohne Bedenken auch große Mengen essen. Die Bucheckern können gemahlen und der entstehende Brei gepresst werden. Das so gewonnene Öl ist sehr schmackhaft, lange haltbar und enthält viel Eiweiß. 1 Kilogramm Bucheckern ergibt ungefähr einen halben Liter Öl. Auch kann man im Frühjahr die massenhaft am Waldboden zu findenden Buchenkeimlinge wie einen Salat zubereiten und verzehren.

Die **Haselnuss** wird zu deinem Nusslieferanten.

Birke: Du gewinnst Birkensaft durch Anzapfen des Stammes. Eine Birke produziert etwa einen Becher Saft pro Tag. Um ihn zu gewinnen, schneidest du die Rinde tief und senkrecht ein und hängst einen Becher darunter. Ein kleines Hölzchen, unten in den Einschnitt gesteckt, dient als »Zapfhahn«. Die Wunde in der Rinde schließt sich nach dem Anzapfen der Bäume nach einiger Zeit von selbst. Fange das Birkenwasser nie in einem Metallgefäß auf, außerdem solltest du den Saft schnell verbrauchen. Alternativ zum Anritzen der Rinde kannst du auch Zweige kappen, um den Birkensaft fließen zu lassen. Doch die Birke bietet noch mehr: Ihre hellgelbe Innenrinde, das sogenannte Kambium, schmeckt in Streifen geschnitten und weichgekocht sehr gut und gilt als die »Nudel des Waldes«. Um sie zuzubereiten kochst du die Rindenstücke in einem Topf, bis die halbe Wassermenge verdampft ist und ein Brei entsteht. Übrigens: Schäle die Rinde von Bäumen nie rundherum ganz ab, da sonst der Nährstofftransport über das Kambium abgeschnitten ist und somit der Baum unweigerlich stirbt. In Island verwendet man die getrockneten und zermahlenen

Birkenwald.

Blätter der Birken zum Würzen als Salzersatz. Dieses Salz ist besonders bekömmlich, da es im Vergleich mit herkömmlichem Salz 60 Prozent weniger Natriumchlorid enthält. Als Salzersatz dienen auch die Blätter der Linde, der Ulme, des Ahorns, der Pappel und der Buche. Doch zurück zur Birke. Eine Delikatesse sind die jungen, nahrhaften Blätter und die Blütenkätzchen.

Gewinnung von Birkenwasser.

Aus den Birkenblättern kannst du einen harntreibenden Tee zubereiten, der auch bei Nierensteinen hilft. Die Häutchen der weißen Birkenrinde ist wahrscheinlich der beste Zunder, den du in unseren Breiten findest. Dank seines Ölgehalts lassen sich die dünnen Häutchen leicht mit einem einzigen Funken entzünden.

Bei der **Birne** schmecken nicht nur die Früchte, sondern auch die Knospen.

Die grell orange-rot leuchtenden Früchte der **Eberesche**, auch **Vogelbeeren** genannt, sollten nur gekocht, also als Kompott, Marmelade oder Gelee verzehrt werden.

Eberesche.

Kraftnahrung Eicheln.

Die **Eiche** versorgt dich mit den bitterschmeckenden Eicheln, die jede Menge Gerbsäure enthalten und unvorbereitet ungenießbar sind. Sie enthalten auch Pektin, Ellagsäure, Zitronensäure, Öl und Stärke. Das macht sie sehr nahrhaft. Ihre Gerbstoffe wirken entzündungshemmend und zusammenziehend. So gilt sie als Heilmittel bei chronischen Durchfällen, Infektionen im Rachenraum und bei zu starker Menstruation.

INSIDERTIPP:

Sammel die Eicheln ein, die frisch vom Baum herabgefallen sind. Lagere sie zuhause trocken und dunkel ein. Trotzdem musst du die Früchte noch vor dem Verzehr weiterverarbeiten. Du schälst die Eicheln und halbierst sie. Dann werden sie gewässert. Mehrere Spülungen sind notwendig. Wenn das Wasser fast klar ist, hast du ausreichend gewässert. Alternativ kannst du die Eicheln auch in einem Stoffsäckchen in ein fließendes Gewässer hängen. Nach dem Wässern kannst du die Eicheln essen. Du kannst sie rösten und mahlen und als Kaffee-Ersatz (Muckefuck) verwendet.

Mit feingemahlenen oder zerstoßenen Eicheln als Mehlersatz lässt sich Brot backen. Das Eichelmehl enthält jedoch keinen »Kleber«, sodass dein Brot leicht zerfällt.

Besser backst du nur kleine Kekse, oder du mischst ein rohes Ei in den Teig. Du kannst die Eicheln auch in dünne Scheibchen schneiden, wässern und die Scheibchen als nahrhaftes Gemüse kochen.

Eschen haben sehr schmackhafte Samen. Die jungen Früchte eignen sich gut als Gemüse, auch die jungen Blätter können genutzt werden. Wenn du »essbare Bäume« bei Google suchst, wirst du staunen, was alles im Wald zum Anknabbern steht.

Von den Bäumen steigen wir nun hinab zu den Sträuchern und Beeren. Die Brombeere erfreut nicht nur mit ihren Früchten, sondern liefert auch Blüten und essbare, wintergrüne Blätter. Die Blätter können im Winter genutzt werden, und sei es als Tierfutter. Die Brombeerfrüchte beinhalten viel Vitamin C und helfen gegen Heiserkeit, als Gurgelmittel bei Bronchitis und bei Halsentzündungen. Der Tee aus Brombeerblättern hilft auch bei Grippe, Durchfall und Darmkatarrh.

Himbeeren, Preiselbeeren und **Blaubeeren** findest du in vielen Wäldern. Walderdbeeren kennt jedes Kind. Die reifen Früchte enthalten wertvolle Mineralstoffe, Fruchtsäuren und lösliche Kohlenhydrate, vor allem aber reichlich Vitamin C.

Walderdbeeren.

Sanddorn.

Die hell-orangefarbenen Beeren vom **Sanddorn** enthalten enorm viel Vitamin C.

Weitere Sträucher mit essbaren Früchten sind der **Weißdorn**, der **Holzapfel** und die **Holzbirne**, die **Mispel**, die **Traubenkirsche**, der **Schwarze Holunder**, die **Haselnuss**, die Früchte der **Wildrose** (**Hagebutten!**) und die **Schlehe**.

Doch auch essbare Wildkräuter und Blumen können deinen Speisezettel ergänzen. Ich empfehle jedem Überlebenskünstler, einen Kräuterkurs zu besuchen, um sich einen Überblick zu verschaffen.

Beginnen wir mit der **Brennnessel**. Im Gericht überraschen die Blätter mit einem zartwürzigen Geschmack. Als Heilpflanze wird die Brennnessel übrigens seit Jahrhunderten gegen Harnwegsinfekte und Rheuma eingesetzt, aus den Fasern in ihren Stängeln lassen sich Fäden zwirbeln. Nussig im Geschmack sind die Samen.

Brennnessel.

Giersch.

Die meisten Menschen kennen das **Gänseblümchen** noch aus ihren Kindertagen. Aber man kann Gänseblümchen auch essen.

Giersch ist bei Gärtnern verhasst. Wenn nur ein Wurzelrest des »Unkrauts« im Boden bleibt, kommt der Giersch wieder. Wer die Blätter der Pflanze einmal probiert, wird ein wunderbar frisches Aroma schmecken. Giersch lässt sich am besten mit Kartoffelgerichten oder Salat kombinieren, man kann ihn aber auch wie Spinat dünsten.

Eine Allround-Pflanze ist der **Löwenzahn**. Du sammelst ihn, wie alle anderen Pflanzen auch, auf ungedüngten Wiesen. Die beste Erntezeit ist von Mai bis Juni. Die jungen Blätter schmecken leicht bitter und lassen sich perfekt zu einem Salat kombinieren. Man kann sie aber auch dünsten oder in Teig ausbacken. Die Blüten eignen sich als Dekoration, du kannst daraus

Löwenzahn.

auch Gelee, Sirup oder Honig herstellen. Den Blüten und Blättern des Löwenzahns werden blutreinigende und harntreibende Wirkungen zugeschrieben.

Wie **Sauerampfer** schmeckt, verrät sein Name. Er wächst auf feuchten Wiesen. Du erkennst Sauerampfer an den blattlosen Stängeln mit ihren rispenförmigen, kleinen roten Blüten. Sauerampfer lässt sich zum Beispiel zu Suppen oder zu Eintöpfen verarbeiten. Älteren, rostbraunen Sauerampfer mit löchrigen Blättern lass lieber stehen.

Die **Vogelmiere** enthält viele Mineralstoffe und Vitamine und glänzt durch einen milden, aromatischen Geschmack, der an Erbsen erinnert. Ernte dafür die jungen Triebspitzen der Vogelmiere vor der Blüte. Die Vogelmiere lässt sich bis Oktober pflücken. Man findet sie in Gärten, an Wegrändern, auf Äckern oder an Weinhängen.

Fichten- und **Tannensprossen** sind mit viel Vitamin C gesegnet, im Frühjahr ein belebender Energiebringer des Waldes, jedoch völlig zuckerfrei. Ein Universum an essbaren Wildpflanzen

INSIDERTIPP:

Die App »Flora Incognita« lässt dich Pflanzen anhand eines Bildes identifizieren. Damit werden Giersch, Stinkender Storchschnabel, Knabenkraut, Wiesenschaumkraut und viele andere essbare Pflanzen gute Freunde für deinen Salatteller. Für das Fleisch des Waldes, die Pilze, gibt es ebenfalls Apps.

Bärlauch.

Rotklee.

Brunnenkresse.

Fichtensprossen.

Auch die Umgebungstemperatur bestimmt deinen Kalorienbedarf, schließlich sind wir Menschen Warmblüter und damit gezwungen, unseren Körper ständig auf 37° Celsius aufzuheizen. Das kostet Energie in Form von Essen. Kundige Menschen, wie die Angehörigen der indigenen Völker Nordamerikas bis hin zum hohen Norden zu den Inuit, bedienten sich des nahrhaften Pemmikans. Rezepte für die Herstellung sind problemlos mit Hilfe von Google zu finden.

An dieser Stelle möchte ich eine Lanze für diejenigen brechen, deren Körpermaße nicht denen der Models in Hochglanz-Modezeitschriften entsprechen, zu Deutsch all diejenigen, die etwas Speck auf den Rippen haben. Und das ist gut so. Solange dein körpereigener Speckvorrat nicht in Adipositas ausartet, ist dieser hilfreich für schlechte Zeiten und im Krankheitsfall.

Um im Krisenfall über ausreichend Nahrung zu verfügen, wirst du Vorräte

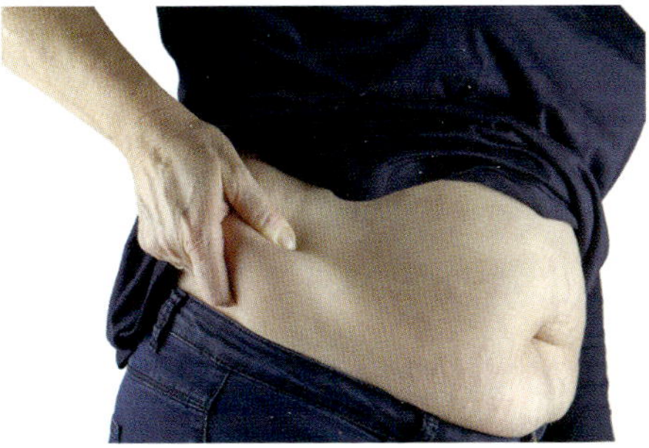

Reserve für magere Zeiten.

anlegen müssen. Bevorzugt sind das »ewig« haltbare Lebensmittel wie Nudeln, Bohnen, Linsen, Reis, Zucker und Getreide. Mit Nudeln deckst du zur Not komplett deinen Kohlenhydratbedarf. Dauerfleisch wie Speck, luftgetrocknete Würste und (Fisch) Konserven sichern dir deine Versorgung mit tierischem Eiweiß. Denke auch an einen Vorrat von Zucker und Salz. Tierische und vor allem pflanzliche Fette (Olivenöl etc.) sind ebenfalls lange ohne Kühlung haltbar und liefern essentielle Fettsäuren. Gewürze (Pfeffer, Paprika, Knoblauch, Kurkuma, etc.) haben zwar ihrerseits wenig Nährwert, machen allerdings aus einem Essen eine Speise. Problematisch wird es bei Obst und Gemüse. Frische Produkte eignen sich nicht zum dauerhaften Einlagern, eine entsprechende Konservierung schafft leidlichen Ersatz. Das Internet ist voll von Rezepten und Anleitungen. Wichtig ist, dass deine Vorratskammer ohne elektrische Kühlung auskommt.

Achte bei deinem Lebensmittelvorrat auch auf das MHD (Mindesthaltbarkeitsdatum). Der Ablauf desselben bedeutet nur selten (z. B. bei Frischfleisch und Frischfisch), dass ein Lebensmittel ungenießbar wird, jedoch können einzelne Eigenschaften beeinträchtigt sein wie der Geschmack, die Farbe oder die Konsistenz. Wirklich trockene Produkte wie Reis, Mehl, Nudeln oder Zucker sind bei trockener Lagerung fast unbegrenzt haltbar.

Vorratsregal.

Nudeln als Kohlenhydratspender.

Der perfekte Vorrat: verschiedenste Gemüse eingemacht.

Ein Problem in der Vorratshaltung stellen, wie schon beschrieben, Gemüse und Obst dar. Diese müssen konserviert werden. Bei der Methode des Einweckens (= Sterilisieren durch Kochen) ist der Nachteil, dass man voluminös umfangreiche und vom Gewicht her schwere Konservendosen

AUTARKIE DES AUTORS:

Ich setze deshalb auf Getrocknetes. Viele Früchte, Obst und Kräuter kannst du selbst trocknen und dann mithilfe eines Vakuumierers luftdicht in Vakuumierfolie einschweißen.

INSIDERTIPP:

Sollte eine deiner Konserven ausgebeult, eingedellt oder stark angerostet sein, weg damit. Eines der stärksten Nervengifte kann in unzureichend erhitzten Konservendosen durch ein Bakterium entstehen. Zwar können in fragwürdigen Konservendoseninhalten durch Erhitzen für 30 Minuten auf 100 Grad die Botulismus-Bakterien zerstört werden, jedoch solltest du dieses nur im Notfall, in dem wirklich jede Dose zählt, machen. Optisch oder am Geschmack erkennst du den Bakterienbefall übrigens nicht!

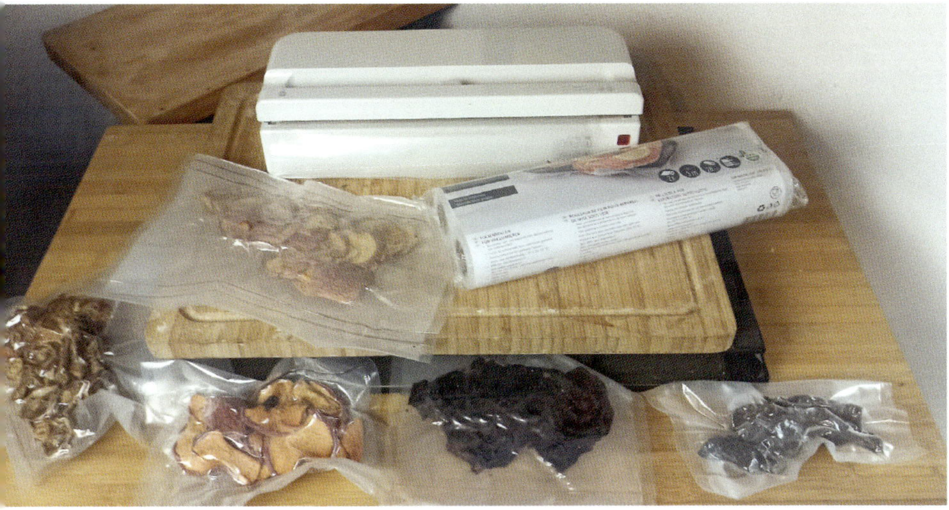

Haltbares dank Vakuumierer.

Getrocknetes Fleisch: Biltong.

Verschiedene Größen von Dörrautomaten.

oder Einweckgläser als Endprodukt bekommt, denn beim Einwecken wird dem Lebensmittel Wasser zugesetzt.

Auch Fleisch und Pilze lassen sich gut dörren und einschweißen.

Trocknen kannst du im eigenen Backofen. Energiesparender ist ein Trocknungsgerät oder Dörrautomaten. Diese werden beispielsweise bei ebay ab 30 Euro angeboten.

Die einfachste Art der Trocknung findet als Lufttrocknung an wettergeschützten Orten auf Trocknungsgittern statt.

AUTARKIE DES AUTORS:

Ich konzentriere mich auf regionale Produkte und bereite vieles direkt aus der Natur zu. Bärlauchpesto und Bärlauchöl im Frühjahr, getrocknete Kräuter wie Schafgarbe, Holunder, Weißdorn, Hagebutte, als Heilkräuter. Als Würzkräuter Schnittlauch, Basilikum, Petersilie aus dem eigenen Balkonanbau. Die getrockneten Blätter von Brombeeren, Himbeeren, Johannisbeeren ergeben gesunde Teemischungen und schonen den Geldbeutel. Wenn Früchte saisonal billiger werden, verarbeite ich Äpfel, Bananen, Birnen, ja sogar Kornell- oder Sauerkirschen und Ananas zu Trockenobst. Rote Beete, Karotten, Erbsen, Linsen, Zwiebeln und vieles mehr kann ebenfalls getrocknet werden.

Praktisch: ein selbstgebautes Trocknungsgitter.

Diese kannst du dir leicht selbst aus Holzleisten und Stallgitter bauen. Achte darauf, das Trocknungsgut umzuschichten um Schimmel zu vermeiden und lege das Trocknungsgut nicht direkt in die Sonne.

Im Sinne des Survivals ist die Ergänzung deines Speiseplans durch erlegte Wildtiere. Im Nicht-Krisenfall machst du dich strafbar, weil du Wilderei begehst.

Wie wirst du einem Wildtier habhaft? Die haben schließlich die Eigenschaft zu flüchten, und auf Long-Distance-Schusswaffen kannst du wahrscheinlich nicht zurückgreifen. Bist du geschickt mit Bogen oder Armbrust, versuche es damit. Meist sind aber Fallen oder Schlingen die einzige Lösung. Fallen zu stellen ist zwar eine grausame Methode, jedoch benötigst du zum Fallenbau nichts als das, was du im Wald findest und etwas Draht. Wer in »Friedenszeiten« den Jagdschein machte, weiß auch genau, an welche Stellen Fallen für welche Tierart zu platzieren sind. Fallen kontrolliert man aus Tierschutzgründen im 24-Stunden-Takt.

Angelset für Schuppenwild.

Bogenjagd kann den Speiseplan bereichern.

Sinngemäß Gleiches gilt auch für das Aufstocken der Vorratskammer mittels Fischfang. Ohne begründete Notlage ist Schwarzangeln strafbar! Angelhaken und Angelschnur sind billige, vielseitige Produkte und brauchen kaum Platz. Die Angelrute schneidest du dir im Wald oder legst dir ein Angelset zu. Auch der Nicht-Fischereischein-Inhaber kann an ausgewiesenen Angelplätzen gegen eine Gebühr legal angeln.

Auch das »Containern« wäre eine hervorragende Quelle für kostenlose Lebensmittel – auch wenn es auf den ersten Blick eklig

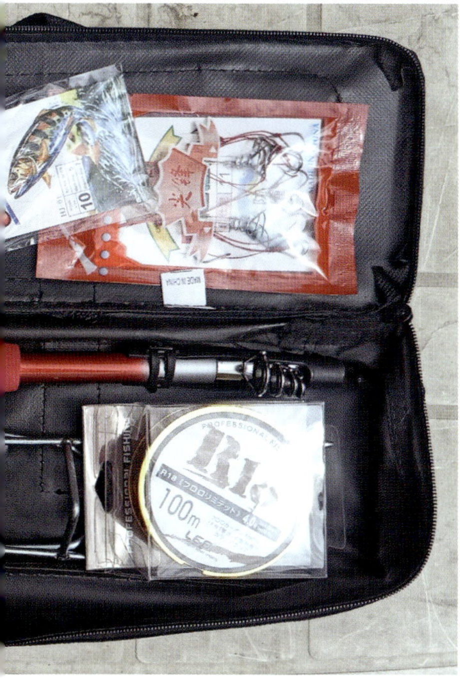

klingt. In den Müllcontainern der Supermärkte befinden sich einiges an Lebensmitteln, die noch verzehrbar sind. Gesetzliche Vorschriften (z. B. Mindesthaltbarkeitsdatum) und optische Mängel zwingen die Ladenbetreiber, gute und unbedenkliche Ware zu entsorgen. Und was spricht dagegen die fünf Äpfel aus einem Apfel-Sixpack zu essen, der nur deshalb weggeworfen wurde, weil ein Apfel einen Schlag hatte und nicht mehr schön aussah? Das Gesetz spricht dagegen, denn wer zurzeit Lebensmittel aus fremden Mülltonnen mitnimmt, kann wegen Diebstahls bestraft werden. Die meisten Juristen und Gerichte sind der Ansicht, dass der jeweilige Supermarktinhaber noch Eigentum an den weggeworfenen Lebensmitteln in seinem Müllcontainer hat. Und im Krisenfall fällt diese Art der Lebensmittelbeschaffung vermutlich sowieso weg, da die Versorgung mit Lebensmitteln über Supermärkte oder den Einzelhandel mangels Masse zusammengebrochen ist.

Supermarkt-Müllcontainer.

Abschließend zur Nahrungsmittelfrage solltest du auch an eine stromunabhängige Koch- und Backgelegenheit denken.

INSIDERTIPP:

Ein ungemein hilfreicher Ratgeber ist das *Blackout Kochbuch* von Michael Scheler, erschienen im pietsch Verlag. Es hilft dir, im Krisenfall leckere Mahlzeiten ohne Strom zuzubereiten.

Auf gekühlte oder gar tiefgekühlte Produkte solltest du lieber verzichten, da die Stromversorgung in einer Ausnahmesituation wahrscheinlich unterbrochen ist, und damit auch die Kühlung nicht mehr funktioniert.

Denk daran, dass, wenn der Strom ausfällt, Tiefkühltruhen und Kühlschränke in Supermärkten und Geschäften nicht mehr funktionieren. Das Tiefkühlgut muss dann schnell abverkauft werden. Sei dann vor Ort.
Auch Kühlräume fallen dann aus. Frage bei Metzgereien, Gemüsehändlern und Fischhändlern nach. Behalte auch im Hinterkopf, dass Bauern oder Tierzüchter, wenn ihre Melk- und Futtermaschinen ausfallen, zu Notschlachtungen gezwungen sein können. Hast du Trockengeräte zum Räuchern, Einkochen oder Lufttrocknung vorbereitet, kauf das Schlachtfleisch und die Schlachtreste auf.

INSIDERTIPP:

Leg gefrorene Plastikwasserflaschen in deine Gefriertruhe. Diese halten die Kälte, wenn du zeitweise Stromausfälle hast oder einen Generator nicht kontinuierlich betreiben möchtest. Zusätzlich solltest du eine Schale mit gefrorenem Wasser in die Tiefkühltruhe stellen. Leg eine Münze auf das Eis. Wenn diese im Eis versunken ist, war deine Truhe ohne Strom und die Tiefkühlware könnte angetaut sein.

Wenn du Vorräte anlegst, solltest du nicht sinnlos und zu große Mengen einkaufen. Das berüchtigte Hamstern hat schon zu Beginn der Coronapandemie für unnötige Engpässe gesorgt und die Versorgung aller erschwert. Verblüffenderweise war eines der unnützesten Produkte für den Krisenfall oft ausverkauft: Klopapier.

Gefrorene Wasserflaschen sichern dein Tiefkühlgut.

Begehrt im Krisenfall: Klopapier.

INSIDERTIPP:

Gewöhne dich an den Gedanken und übe es auch, wie Millionen Menschen weltweit, deinen Hintern zukünftig mit Wasser zu reinigen. Stell dazu einfach einen Eimer mit Brauchwasser und eine Schöpfkelle neben das Klo. Wenn es dir unangenehm ist, kannst du noch eine Packung Latexhandschuhe bereitlegen. Beachte jedoch, dass die Handschuhe nicht in die Toilette geworfen werden sollten, um Verstopfungen zu vermeiden.

Vorsorge: Man kann es auch übertreiben.

3.4 Der Notfallvorrat

Lebensmittel pro Person für 10 Tage: Bei längerer Autarkie einfach multiplizieren

Getränke 30 Liter	3 Liter Flüssigkeit pro Person/Tag zum Trinken und Kochen.
Getreide, Getreideprodukte	3,5 kg Brot, Kartoffeln, Nudeln, Reis
Gemüse, Hülsenfrüchte	4 kg Dosenware vorgekocht, getrocknete Ware muss mit zusätzlichem Wasser eingeweicht und gekocht werden. Lagerfähiges Gemüse wählen: Karotten, Knoblauch, Zwiebeln, Sellerie, Kürbis, Steckrüben
Obst, Nüsse	2,5 kg Obst in Dosen oder Gläsern, nur lagerfähiges Frischobst (Äpfel, Orangen, Zwetschgen etc.)
Milch, Milchprodukte	2,6 kg H-Milch oder Milchpulver
Fisch, Fleisch, Eier bzw. Volleipulver	1,5 kg Volleipulver
Fette, Öle	0,357 kg
Sonstiges nach Bedarf	Zucker, Süßstoff, Honig, Marmelade, Schokolade, Jodsalz und andere Standardgewürze. Fertiggerichte wie Dosenravioli, Fertigsuppen, Kartoffeltrockenprodukte wie Kartoffelbrei. Mehl, Instantbrühe, Kakaopulver, Hartkekse, Salzstangen, ...

Haltbares Dosenfutter.

3.5 Warum es sinnvoll ist, sich für sechs Monate zu bevorraten

- Eine Krise dauert in vielen Fällen nicht ewig, nach sechs Monaten sind viele Krisen überstanden.
- Ein sechsmonatiger Vorrat ermöglicht das Überstehen eines Hungerwinters.
- Sechs Monate bist du von unmittelbarer Vorsorge befreit und kannst dich auf die Nahrungsmittelversorgung nach den sechs Monaten vorbereiten, bspw. durch Feldanbau.
- Du musst dich nicht in Supermärkten um knappe Waren streiten. Wenn es zu riskant ist oder du nichts bekommst, ist es nicht weiter tragisch.

3.6 Vorräte für sechs Monate

Eine Krise kommt meist überraschend. Vorräte für sechs Monate vorzuhalten, befreit von Panikreaktionen, Not- und Hamsterkäufen. Notwendig sind in jedem Fall Nahrungsmittel und Trinkwasservorräte. Auch die Mobilität und die Heizung sollte gesichert sein. Mit dieser Basisvorsorge bist du frei dich um weiteren Bedarf zu kümmern. Du ziehst los, um etwas Essbares auf Wiesen und in Wäldern zu sammeln, gehst fischen oder stellst Fallen auf und erweiterst damit den Speiseplan. Du kannst dich aufgrund deiner komfortablen Autarkie den nicht belagerten Versorgungsstätten widmen. Wenn die anderen um die Lebensmittel im Super-

Hundefutter als Notvorrat.

markt streiten, bist du im Baumarkt oder am Kiosk. Baumärkte bieten beispielsweise Süßwaren an, und du kaufst dort Hundefutter für deine Fellnase oder als Kalorienquelle.

INSIDERTIPP:

Hundefutter bietet sich als Fleischersatz an und ist problemlos essbar. Es führt bei ausschließlicher Ernährung jedoch zu Mangelerscheinungen bei Menschen.

3.7 Checkliste: Nahrungsmittelvorräte für sechs Monate, eine Person:

NRG, 5 Rationen	20 Stück
Hafer	10 kg
Haferflocken	20 Packungen á 500 g
Weizenmehl	30 kg
Dinkelmehl	15 kg
Roggenmehl	15 kg
Pumpernickel	20 Dosen
Trockenhefe	20 Päckchen
Nudeln	15 kg
Zucker	15 kg
Honig	5 kg
Salz (auch zum Einlegen)	15 kg
Eipulver	3 kg
Milchpulver	5 kg

Hafermilch, haltbar	10 l
H-Magermilch, haltbar	20 l
Konserven (Komplettmahlzeiten)	40 Dosen
Eingelegtes Gemüse (Mais, Bohnen, Champignons, Spargel, Gemüse)	20 Dosen
Eingelegte Früchte (Ananas, Mandarinen, Aprikosen)	20 Dosen
Getrocknete Früchte	15 Packungen
Nüsse	15 Packungen
Linsen, Bohnen, Erbsen	20 kg
Dosenfisch (Thunfisch, Hering, Sardinen)	25 Dosen
Nudeln, Reis	20 kg
Essig, Öl	10 l
Gewürze	
Marmelade, Nusscreme	10 Gläser
Erdnussbutter	20 Gläser
Butter (eingefroren)	15 Packungen
Kaffee	10 kg
Tee gemischt	10 Packungen
Frühstücksfleisch	20 Dosen
Hartkäse (wenn möglich eingefroren)	20 Packungen
Dosenwurst	20 Dosen
Fertigsuppen	40 Packungen
Nudel- und Instantsoßen	40 Beutel
Knäckebrot	20 Packungen
Süßigkeiten	nach Wunsch
Vitamintabletten Kombipräparat	
Fischölkapseln	
Kurkumapulver	

3.8 Nahrungsmittel durch Selbstanbau

Ein Schrebergarten sichert deine Versorgung.

200 bis 300 Quadratmeter Ackerfläche pro Person empfehlen Profis für die Selbstversorgung. Das sind 17 x 17 Meter. Also besorge dir Ackerfläche. Viele Bauern bieten Ackeranteile zur Miete an, in einem Schrebergartenverein kannst du einen Garten pachten. Egal ob ein (Vor-)Garten, eine versteckte Ecke im Park oder Stadtwald – überall können essbare Pflanzen von dir für dich wachsen. Auch ein Gemeinschaftsgarten auf einer gepachteten Brachfläche oder einfach eine grüne Ecke irgendwo kann für Versorgung sorgen.

INSIDERTIPP:

Pflanze überall rechtzeitig Topinambur. Die leckere Knolle bereichert deinen Speiseplan, benötigen wenig Pflege und verbreitet sich von selbst. Sonnenblumen im Topf liefern gesunde Kerne, Aloe Vera ersetzt teure Hautpflegeprodukte.

Topinambur.

Hast du keine Ackerflächen verfügbar, kann der Anbau auf dem Balkon oder Terrasse deine Vorräte mit frischen und gesunden Nahrungsmitteln ergänzen. Gerade in einer Krise ist es wichtig, sich gesund zu ernähren und damit das Immunsystem widerstandsfähig zu halten. Im vertikalem Anbau über Europaletten, Rankpflanzen, Hochbeete und Rodelschlitten kannst du auf sieben Quadratmeter Balkon immerhin bis 15 qm Anbaufläche schaffen. Nutze zusätzlich Fensterbank und Blumentreppen in der Wohnung.

Vertikalanbau mit Paletten.

Hochbeete: sicher vor Schneckenfraß.

Maulwurfshügel: fruchtbare Erde.

INSIDERTIPP:

Wertvolle Pflanzerde liefert dir der Erzfeind des englischen Rasens: der Maulwurf. Maulwurfshügel sind eine Quelle fruchtbarer Erde.

Tontöpfe im vertikalen Anbau.

Weitere vertikale Anbaumöglichkeiten sind: Pflanztaschen, Regale, Hängeampeln, Baumwollbeutel, Hängetöpfe.

Kräuteranbau aus Balkonkästen.

Gemüse aus Eigenanbau.

Es gibt eine Vielzahl von essbaren Pflanzen, die wenig Platz benötigen:

Kräuter wie Basilikum, Schnittlauch, Petersilie, Koriander, Oregano, Thymian und Minze. Salate wie Rucola, Kopfsalat, Endivie, Lollo Rosso, Feldsalat und Spinat.

Gemüse wie Tomaten, Paprika, Gurken, Erbsen, Zucchini, Möhren und Radieschen, Blumenkohl, Kohlrabi.
Essbare Blumen wie Tagetes, Ringelblumen, Veilchen, Kapuzinerkresse und sogar Rosen. Im Handel findest du abgepackte Samentüten mit essbaren Blumen.

Essbare Blumen im Balkonkasten.

Obst wie Erdbeeren, Himbeeren, Jochelbeeren, Taybeeren, Blaubeeren und Johannisbeeren in Töpfen oder Eimern.
In kleinen Anzuchtgewächshäusern kannst du die Pflanzen bereits ab Ende Februar in der Wohnung vorziehen. Tomatenhäuschen, auch im Vorgarten, nehmen nicht viel Platz ein und beschleunigen das Wachstum ungemein.

Keimlinge in der Anzuchtschale.

Tomatengewächshaus: sichere Erträge.

Blumenampeln, Blumentopfhalter, Hängetöpfe, Geländertöpfe oder Balkonkästen verwandeln deinen Balkon in ein Anzuchtparadies. Wähle Töpfe, die groß genug für die Wurzeln der Pflanzen sind. Stelle sicher, dass die Töpfe auf Untertellern stehen. Für den vertikalen Anbau eignen sich Europaletten oder Rankgitter mit Blumentopfhaltern. Es gibt verschiedene Einsätze für die Europalette als Pflanztröge, mit denen du auf kleiner Fläche dreistöckig anbauen kannst. Hochbeete ermöglichen ebenfalls mehrstöckigen Anbau.

INSIDERTIPP:

Rankpflanzen wie Gurken, Bohnen, Kürbisse, Malabarspinat oder Kapuzinerkresse krabbeln an einer Rankhilfe die Wand hoch und nehmen wenig Platz ein.

INSIDERTIPP:

Kartoffeln und Topinambur gedeihen hervorragend in alten Baueimern, die gestapelt werden können.

Einsätze in der Europalette steigern die Erträge.

Unkomplizierter Anbau von Kartoffeln im Baueimer.

Rodelschlitten im vertikalen Anbau.

AUTARKIE DES AUTORS:

Ich nutze Europaletten und alte Rodelschlitten für den platzsparenden vertikalen Anbau. Auf die Querhölzer der Schlitten kann ich drei Balkonkästen übereinander stellen.

Stelle die Pflanzen an einen sonnigen Ort auf dem Balkon. Achte darauf, dass die Pflanzen vor starkem Wind geschützt sind. Bei geringer Sonneneinstrahlung pflanze:
Obst: Blaubeeren, Brombeeren, Himbeeren, Johannisbeeren, Schattenmorellen, Walderdbeeren.
Gemüse: Blumenkohl, Bohnen, Brokkoli, Erbsen, Feldsalat, Schnittsalat, Spinat.
Kräuter: Bärlauch, Dill, Minze, Petersilie, Schnittlauch.
Überprüfe täglich den Feuchtigkeitsgehalt der Erde und gieße die Pflanzen. Gießwasser zapfst du am besten über eine Klappe

Gießwasser dank Kappe im Regenrohr.

aus dem Fallrohr der Dachrinne in ein Weithalsfass.

Nutzpflanzen benötigen Nährstoffe, um zu wachsen. Füge deshalb Dünger hinzu. Dünger stellst du her, indem du Brennnesseln in einem Eimer einige Wochen mit Wasser gären lässt. Die Jauche, die dabei entsteht, ist ein hervorragender Dünger. Kaffeesatz natürlich auch.

INSIDERTIPP:

Auch in den Balkonkasten zu pinkeln, düngt ganz hervorragend!

Entferne regelmäßig verwelkte Blätter und reinige die Pflanzen, um Schädlinge fernzuhalten. Wenn du mehrere Pflanzen hast, achte darauf, diese abwechselnd an verschiedenen Stellen auf dem Balkon zu platzieren, um sicherzustellen, dass jede Pflanze genügend Sonnenlicht und Platz hat. Einige Nutzpflanzen vertragen sich gut mit anderen (bspw.. Tomaten mit Steckzwiebeln), andere weniger (bspw. Tomaten mit Gurken).

Kaffeesatz düngt hervorragend.

Balkonkasten mit Pflanzen aus der Natur.

INSIDERTIPP:

Beginne so früh wie möglich mit dem Balkonanbau und übe. Beginnst du erst in der Krise, ist es zu spät, um ein erfolgreicher Balkongärtner zu werden, da es dir an Erfahrung fehlt. Hol dir in diesem Fall im Frühjahr Nutzpflanzen aus der Natur auf deinen Balkon. Löwenzahn, Vogelmiere, Spitzwegerich, Sauerampfer oder Brennnesseln lassen sich problemlos in Balkonkästen ziehen und bereichern den Speiseplan.

INSIDERTIPP:

Lagere Samentüten kühl und dunkel. Dann sind sie mehrere Jahre haltbar. Mit der Keimprobe bestimmst du die Fruchtbarkeit. Nimm im Januar zehn Samen aus einer Tüte und lass diese auf feuchtem Küchenkrepp keimen. Dann siehst du, wie viele der Samen noch keimfähig sind.

3.9 Wasservorrat

Für die reine Trinkwasserversorgung solltest du mit 500 Litern pro Person für sechs Monate rechnen. Das kannst du beispielsweise in Weithalstonnen oder IBC-Containern bevorraten. Achte darauf, das Wasser zu desinfizieren, entweder mit Micropur oder Silberionen.

INSIDERTIPP:

Eine einfache Methode, die schon unsere Großeltern nutzten, um Wasser haltbar zu machen, ist es, saubere Silbermünzen oder Silberbarren in einem Säckchen in den Tank zu hängen.

Weithalstonnen für Trinkwasservorräte.

Silberbarren als Trinkwasserdesinfektionsmittel.

INSIDERTIPP:

Bau dir einen Sickerfilter aus einem Rohr oder einer alten Plastikflasche. Du benötigst dazu Stoff oder Watte, Sand, kleine Kieselsteine, Holzkohle oder Aktivkohle, Schnur und ein Messer. Aktivkohle ist die bessere Wahl, denn diese filtert Keime, Bakterien, Pestizide, Mikroplastik, Chlor, Asbest, Farbstoffe, Medikamentenrückstände sowie Schwermetalle aus dem Wasser. Aktivkohle kaufst du preiswert als Filtermaterial für Aquarien. Schneide den Boden der Flasche ab und bohre ein Loch in den Deckel. Stopf ein Stück Stoff oder die Watte in den Flaschenhals. Füll nun Aktivkohlepulver ca. 4 bis 5 Zentimeter hoch in die Flasche, darauf eine Lage sauberen Sand. Darüber packst du eine Schicht kleiner Kiesel und mehrere Lagen Stoff. Langsam, mit einem Tropfen pro Sekunde, sollte nun das gefilterte Wasser in ein Auffanggefäß tropfen.

Um Wasser aufzufinden, bleiben wir zunächst in der Zivilisation. Gehen wir davon aus, dass aufgrund eines Katastrophenszenarios die öffentliche Wasserversorgung zusammengebrochen ist. Vielleicht gibt es in deiner Nähe noch einen Brunnen, eine Notwasserversorgung per Lkw oder ein geborstenes Wasserrohr? Vielleicht gelang es dir ja vorsorglich die Badewanne und möglichst viele andere geeignete Gefäße aus Küche und Haushalt mit Wasser zu füllen. Wenn nicht, dann bediene dich an den zehn Litern Trinkwasser, die du in jedem Toiletten-Spülkasten findest. Um damit Fäkalien herunterzuspülen, ist es im Krisenfall zu wertvoll.

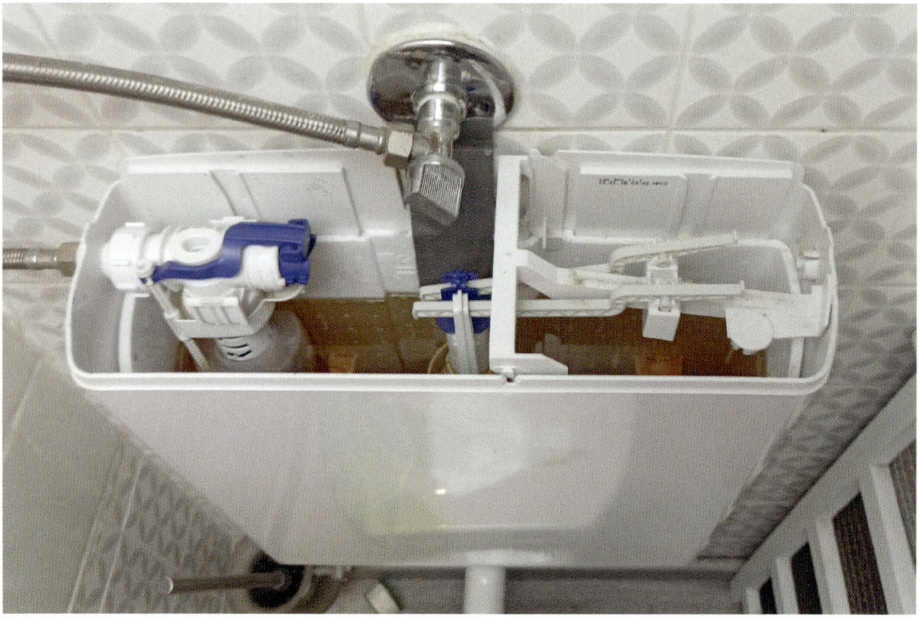

Trinkwassernotvorrat Toilettenkasten.

Schnee ist ein guter Trinkwasserspender.

Doch spätestens, wenn die »Toilettenkastenquelle« versiegt ist, wird es schwierig, weitere Wasserquellen zu finden. Nutze dein Dach als Regenwassersammler und leite das weitgehend saubere Regenwasser in ebenso saubere Sammelbehälter. Die veralgte Regentonne, wie sie in vielen Gärten steht, ist ein Hort für Bakterien und Einzeller und das Wasser daraus unbehandelt ungenießbar. Frisches Regenwasser ist demgegenüber im physikalischen Sinne destilliertes Wasser und damit sehr rein. Mit einer kleinen Prise Salz und einem Schuss Orangensaft, besser noch mit einer Mineralientablette, setzt du ihm Mineralien zu.

Im Winter kann man aus Schnee, besser noch aus Eis, Trinkwasser schmelzen. Da Schnee zu 90 Prozent aus Luft und nur 10 Prozent aus Wasser besteht, brauchst du größere Volumina, um die gewünschte Wassermenge erhalten.
Handelt es sich um Wasser aus Flüssen, Seen, Bächen und Quellen, und mag es noch so klar und rein aussehen, ist eine Keim-

bekämpfung unumgänglich. Am einfachsten geht das mit Chemikalien auf Silberionenbasis, wie z. B. Micropur oder Certisil. Diese Mittel dienen auch zur Konservierung von Wasser, um es über Wochen und Monate vorhalten zu können. Wohlgemerkt: Bei dieser Vorgehensweise muss das Wasser aber optisch klar sein. Alternativ sorgen mechanische Filter auf Keramik- und Aktivkohlebasis, z. B. von Katadyn, für sauberes Trinkwasser. Das Ganze ohne Belastung durch Chemikalien. Bitte beachten: Entsprechend des Verschmutzungsgrads des Wassers setzt sich der Filter früher oder später zu. Ein selbstgebastelter Vorfilter aus Stoff wirkt Wunder. Kleinmengen kannst du mit UV-Sticks oder »Trotec Seco San«-Sticks desinfizieren.

Alternative Entkeimer.

AUTARKIE DES AUTORS:

Ich habe mit der Silberionen-Desinfektion »Yachticon« für 10000 Liter, einem Katadyn-Filtersystem und dem »Steripen« für die UV-Desinfektion kleinerer Wassermengen, eine Mischung an Entkeimern für die Desinfektion von Wasser an der Hand. Zusätzlich halte ich in zwei Weithalstonnen 220 Liter Trinkwasser vor. Die Tonnen reinige ich einmal jährlich mit Essig.

UV-Entkeimung mit PET-Flasche.

Ein weiterer Trick, der bei starker Sonneneinstrahlung zur Wasserentkeimung eingesetzt werden kann, ist die UV-Entkeimung durch Solar Disinfection, kurz Sodis. Einfach eine transparente Plastik- oder Glasflasche mit klarem, vorgefiltertem Wasser mindestens sechs Stunden auf einer schwarze Unterlage in die pralle Sonne legen. Die energiereiche

Der Steripen entkeimt kleine Wassermengen.

UV-A zerstört Bakterien und Keime.
Hast du eine »gute« Wasserquelle gefunden, die aber in einiger Entfernung von deiner Wohnung liegt, stellt sich die Frage des Wassertransports. Einen 10-Liter-Kanister über größere Entfernungen in der Hand zu tragen, ist nahezu unmöglich. Du arbeitest besser mit mehreren kleinen Behältern und packst diese in einen Rucksack mit vernünftigem Tragesystem. Stehen dir keine entsprechenden Behälter zur Verfügung, sind zugeknotete Plastikbeutel eine Alternative.

Gibt es einen Ersatz für Wasser? Definitiv nein, aber in manchen Fällen kann man sich

INSIDERTIPP:

Im Extremfall kann es sein, dass du zwar deine Kunststoffflasche dabei hast, aber nirgends auf sauberes Trinkwasser zurückgreifen kannst. Einfach »aus dem Bach« zu trinken, könnte böse enden. Du musst das Wasser also desinfizieren. Das macht man durch Abkochen. Angenommen, es handelt sich um klares Wasser, das mit dem bloßen Auge keinerlei Trübung oder Schwebstoffe zeigt. Dieses bringt man mindestens drei Minuten auf den Siedepunkt und damit sprudelnd zum Kochen. Das Wasser wird auf diese Weise auf 100° Celsius erhitzt, die Temperatur, bei der die meisten Bakterien, Viren, Pilze, Keime und Sporen absterben. Aber wir haben doch eine Kunststoffflasche, stellt nun der aufmerksame Leser fest.

Kunststoff schmilzt doch? Das ist richtig, gilt jedoch nur für eine leere Flasche. Ist die Flasche mit Wasser gefüllt, genügt der »Kühleffekt« selbst des siedenden Wassers, um die Flasche vor dem Schmoren zu bewahren. Die Flasche darf dabei keinen direkten Kontakt zum Feuer oder zur Glut haben.

An zwei Dinge bitte ich aber unbedingt zu denken: Das ist ein Notfalltrick. Es ist nämlich nicht auszuschließen, dass sich durch das Erhitzen Schadstoffe aus der Plastikflasche lösen und in das Trinkwasser gelangen. Zum Zweiten muss die Flasche offen bleiben, sonst baust du eine »Bombe«, bei der die erhöhte Gefahr einer Druckansammlung und einer möglichen Verbrühung besteht.
Was tun bei schlammigem, trüben Wasser? Man erhitzt das Dreckwasser kurzzeitig auf den Siedepunkt. Idealerweise in einem großen Topf oder Blecheimer. Dann lässt man das Gebräu über Nacht stehen. Die Schwebstoffe werden sich in den nächsten Stunden absetzen.

20-Liter-Wasserkanister.

durch den Verzehr wasserhaltiger Pflanzen »über Wasser halten«. Wassermelonen kennt jeder, auch Tomaten und Gurken enthalten jede Menge Flüssigkeit. Das Kochwasser von Nudeln ist im Notfall viel zu schade zum Wegschütten, es dient als Suppengrundlage. Eine Suppe ist Speise und Wasser zugleich. Ist nur noch eine bestimmte Menge Wasser verfügbar, dann scheiden sich die Geister und bieten zwei Theorien an. Die Anhänger der einen Theorie sagen: Trinke so viel du willst. Der Nachteil ist klar, die Vorräte werden schnell aufgebraucht, der Vorteil ist, dass du körperlich und geistig weiterhin hundertprozentig funktionierst, und dieser Vorteil ist nicht von der Hand zu weisen. Die Freunde der Alternative sagen: Rationiere deinen Wasservorrat! Auch hier liegen Vor- und Nachteil auf der Hand. Du hast länger Wasser zur Verfügung, dein Organismus leidet allerdings unter der Unterversorgung.

Für welche Variante du dich entscheidest, liegt in deinem Notfallszenario begründet. Ist die wasserlose Zeit absehbar, weil du z. B. eine dir bekannte Quelle erreichen kannst, dann trink so viel wie dein Körper verlangt, um dich möglichst lange in Bestform zu halten. Ist allerdings auf längere Sicht kein Wasser in Sicht, dann rationiere, was das Zeug hält, um dich möglichst lange am Leben zu erhalten und hoffe auf Rettung.

Wer über die baulichen Möglichkeiten verfügt, baut sich eine Zisterne. Auch heute noch leben in vielen Teilen der Welt Menschen nur von dem Wasser, das sie in Zisternen sammeln. Das Prinzip ist einfach: Du brauchst einen wasserdichten Tank, in den du das Regenwasser leitest, das z. B. dein Dach liefert. Wichtig ist, dass du an eine entsprechende, andauernde Konservierung denkst, sonst wird das Wasser in der Zisterne faulig. Achte auch darauf, dass deine Zisterne, außer dem Zufluss von der Dachrinne, keinerlei offene Stelle hat und komplett in der Dunkelheit (eingegraben in der Erde) liegt. Es wäre eine Katastrophe, wenn Kleintiere in die Zisterne fielen, ertränken und verwesten. Wer langfristig vorsorgen will und weiß, dass er stationär bleiben kann, der denkt eventuell über den Bau eines stationären Filtersystems nach, das Wasser aus der Zisterne oder aus einem Bach, der neben dem Haus fließt, automatisch filtert und Trinkwasserqualität liefert. Im Camping-/Wohnmobilbedarf gibt es solche Filter zu kaufen, meist handelt es sich dabei um rohrförmige Patronen mit einem Filtergranulat auf Aktivkohlebasis, das von Zeit zu Zeit erneuert werden muss.

Wenden wir uns zum Abschluss der Wasserthematik einem Abwasserthema zu. Auch das gehört dazu, denn wir Menschen produzieren tagtäglich »Abfall«, der nach der Verstoffwechslung von uns »abfällt«.

Solange du über ausreichend Nutzwasser verfügst, kannst du weiterhin dein WC benutzen, nur drückst du nicht aufs Knöpfchen nach dem Geschäft, sondern spülst aus einem Eimer nach. Wenn die entsprechende Nutzwassermenge nicht zu Verfügung steht, empfehle ich eine Campingtoilette oder Trockentoilette. Diese sind billig, die kleineren kosten weniger als 70 Euro, und es handelt sich um vollwertige Toiletten. Sie benötigen nur wenig Spülwasser, allerdings ist ein Chemiezusatz (Sägespäne gehen auch) sinnvoll, der das Vergären der Masse hemmt und auf diese Weise üblen Gerüchen vorbeugt. Den Inhalt des Fäkalientanks entsorgst du draußen in einer ausgehobenen Fäkaliengrube im Garten.

3.10 Ausrüstung für Wasservorräte

- **Weithalstonnen**
- **Wasserfilter**
- **Wasserkanister 4 x 10 l, Wasserflaschen**
- **Wasserentkeimungstabletten für 10-Liter-Kanister (Micropurtabletten) oder Seco san-Sticks**
- **Wasserentkeimer in Pulverform für Tanks**
- **Micropur oder Yachtikon für 10000 Liter Zum Umfüllen: Schläuche 5 Meter, Handpumpe, 12-Volt-Wasserpumpe**
- **Küchenkrepp**

3.11 Ausrüstung für das Abwasser

- **Abwasserkanister**
- **Campingtoilette mit Container**
- **Markierte Schläuche und Pumpen für Abwasser**
- **Eimer mit Deckel**

AUTARKIE DES AUTORS:

Auf meinem Dach habe ich im Sommer eine Weithalstonne stehen. Aus dem IBC-Container zum Regenwassersammeln im Garten wird dort Regenwasser hinein gepumpt. Mehrere Gartenschläuche führen von dort zu den Toilettenkästen und versorgen so die Toiletten mit dem Wasser aus der Tonne.

3.12 Deine Notfallapotheke

So überlebenswichtig wie der Lebensmittelvorrat ist eine gut sortierte Hausapotheke. Folgende Dinge sollte sie enthalten:

- **Zur Wundversorgung:** Verbände (am besten Verbandspäckchen), Bandagen (am besten Haftbandagen), sterile Wundauflagen, Dreieckstücher, Pflaster, Sicherheitsnadeln und eine Rettungsdecke. Mit Superkleber verklebst du Schnittwunden wirkungsvoll und stillst die Blutung.
- **Medikamente:** Breitband-Antibiotika, Aspirin und Paracetamol (gegen leichte Schmerzen und Fieber), Ibuprofen 600 (gegen starke Schmerzen und leichte Ent-

zündungen), Bepanthen (Wund- und Heilsalbe), eine Jodsalbe oder Jodtinktur (z. B. Betaisodona), eine Brandwundensalbe, Fenistil/Soventol, Sonnencreme (je nach Empfindlichkeit) und eine Fettcreme. Für den Magen brauchst du Natron-Tabletten, für den Darm ein Mittel gegen Verstopfung und eines gegen Durchfall (Kohletabletten), Nasenspray.

- **Sonstiges:** Pinzette und Nadeln, eine Verbandschere, ein Skalpell und ein Fieberthermometer. Vorsorglich solltest du einiges an Kurkuma- und Ingwerpulver einkaufen. Diese Pulver wirken gegen Entzündungen und stärken das Immunsystem.

Informatives Heilkräuterbuch.

Irgendwann geht dein Medikamentenvorrat zu Ende. Nicht verzweifeln, es gibt viele wirkungsvolle Heilkräuter. Der Fingerhut beispielsweise enthält Digitalis, einen Wirkstoff für Herzkrankheiten, die Salweide enthält Salicylsäure, die in Aspirin zur Anwendung kommt. Mach dich mit einigen wichtigen Heilpflanzen vertraut und beschaffe dir ein Kräuterlexikon. Sammel Heilkräuter, wann immer es geht, und trockne sie an warmen Tagen im Schatten.

Spitzwegerich.

INSIDERTIPP:

Ein Allrounder unter den Heilpflanzen ist der Spitzwegerich. Seit der Antike setzen Heilkundige Wegerichgewächse gegen Magen-Darm-Beschwerden, Skorpionstiche und Schlangenbisse ein. Ab dem 11. Jahrhundert wurde die Heilpflanze bei Husten, Fieber und Insektenstichen verwendet. Spitzwegerich kann aber auch zerkaut auf frische Wunden aufgebracht werden, wo er dank seiner leicht antibiotischen und blutstillenden Wirkung gegen Infektionen wirkt.

3.13 Die Survivalkarte

Beschaffe dir eine topographische Papierkarte deiner Umgebung, idealerweise im Maßstab 1:10000. Du bekommst solche Karten über die Landesvermessungsämter oder den Buchhandel. Erkunde anschließend mit offenen Augen deine Umgebung. Stelle auf deinen Wegen fest, wo sich nutzbare Wasser- und Essensressourcen, Brennstoff- und Treibstoffvorräte befinden und trage diese auf der Karte ein. Ebenfalls Schrebergärten, Supermärkte, Bäche, aber auch U-Bahnschächte, Tunnels, Holzlager, öffentlich zugängliche Wasserhähne, Einzelhandelsgeschäfte wie Bäckereien, Metzgereien bis hin zu Tierzuchtbetrieben und Tierfutteranbietern. Auch Lebensmittel(groß)händler aller Art, Tankstellen, Gaststätten, Großküchen, Imbissbuden, Kantinen, Kioske, Tunnels und Schutzräume usw. zeichnest du ein. Bäume mit Nüssen oder Kernfrüchten, ebenso alle Beerengehölze. Nutze verschiedene Farben für die Dringlichkeit und Art der Ressource. Ein Supermarkt wird z. B. schnell leergekauft oder geplündert, du solltest diesen vorrangig besuchen, also z. B. rot markieren. Bäume tragen nur zu bestimmten Zeiten Früchte, diese Zeiten solltest du im Plan notieren.

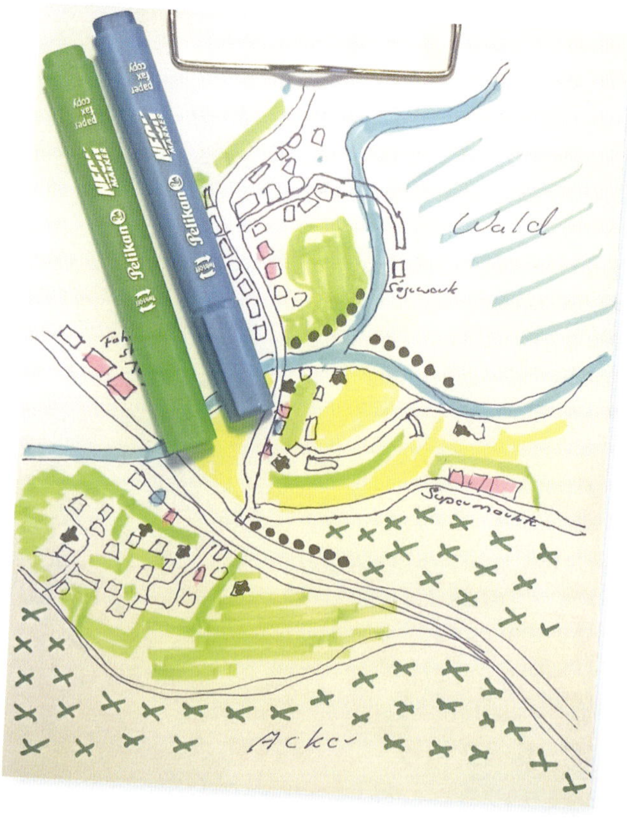

Survivalkarte

3.14 Weitere sinnvolle Vorräte

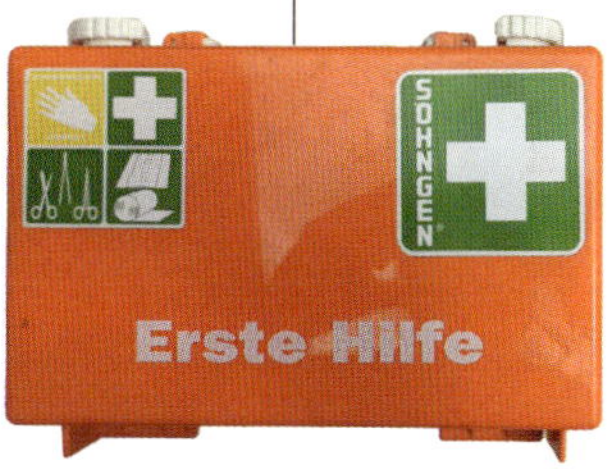

Erste-Hilfe-Kasten bei Verletzungen.

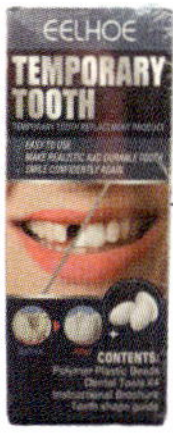

Zahn-reparaturset.

Erste Hilfe:

- Verbandskasten
- Erste-Hilfe-Reiseset
- Zeckenset
- Zahnreparaturset
- Sterile Spritzensets mit Kanülen

Compoundbogen.

Sportschleuder mit Kugeln.

Nachtsicht-gerät.

Verteidigung und Jagd:

- Kubotan
- Teleskopstock
- Pfefferspray
- Compoundbogen mit 80 Pfeilen oder Armbrust mit 60 Pfeilen
- Sportschleuder mit Kugeln
- Drahtrolle dünner Stahldraht
- Luftgewehr mit Spitzkugeln
- Arbeitshandschuhe
- Verteidigungsschirm
- Tactical-Pen
- Nachtsichtgerät
- Anglerset
- Drohne

Hundefuttervorrat für sechs Monate.

Haustiere:

- Trockenfutter für sechs Monate
- Nassfutter
- Handbuch Tiermedizin
- Fieberthermometer

INSIDERTIPP: Mengenberechnung Trockenfutter: Trockenfutter Tagesration Hund: ca. 3 % des Körpergewichtes; Trockenfutter Tagesration Katze mit 4 Kilo Gewicht: zwischen 60 und 75 Gramm.

Das Blackout Kochbuch.

Kochen, Küchenausstattung:

- Detailreiche Information zum Kochen, sollte der Strom ausgefallen sein, bietet das im pietsch Verlag erschienene Buch: *Das Blackout Kochbuch*: Wie man ohne Strom kocht und was man für den Notfall im Haus haben sollte

  Die Ausstattung aus deiner Küche wirst du auch im Notfall verwenden können. Ergänze deine Utensilien mit:

- Spiritus oder Gaskocher mit Brennstoffen
- Getreidemühle, mechanisch
- Feuerzeuge
- Gulaschkanone, Notofen
- Hobokocher
- Kochgeschirr, Küchenutensilien
- Mehrere Waschschüsseln

Getreidemühle.

Porta Potti.

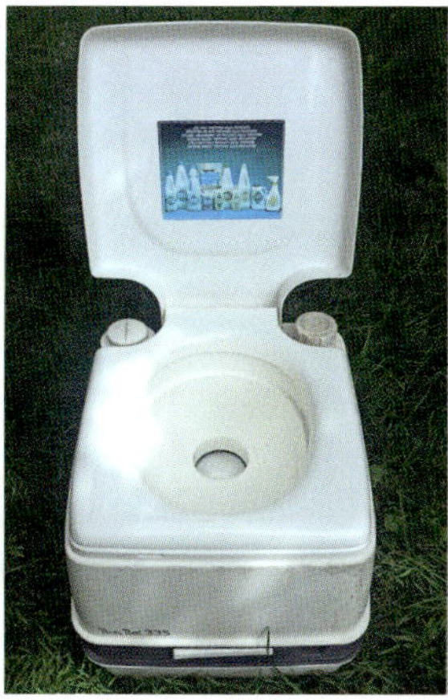

Hygiene:

- Desinfektionsmittel bspw. Chlorlauge
- Feuchttücher
- Seifen
- Waschlappen und Handtücher
- Waschmittel
- Geschirrspülmittel
- Gummihandschuhe
- FFP3-Masken

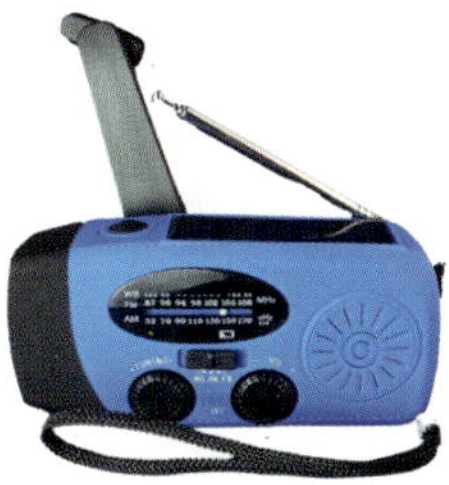

Kurbelradio mit Solar- und Batteriebetrieb.

Sonstiges:

- Hut
- Campingtoilette oder Trockentoilette z. B. Porta Potti
- Kurbelradio
- Thermoflasche
- Regenponcho oder Anzug
- Funkgeräte
- Taschenlampen
- Feuerlöscher
- Dosensafe Ravioli
- Gaskocher
- Gasheizer
- Samenpakete
- Stirnlampe (batteriebetrieben)
- Taschenlampe (batteriebetrieben)

Taschenlampen mit Akku, Solar- und Batteriebetrieb.

Feuerlöscher.

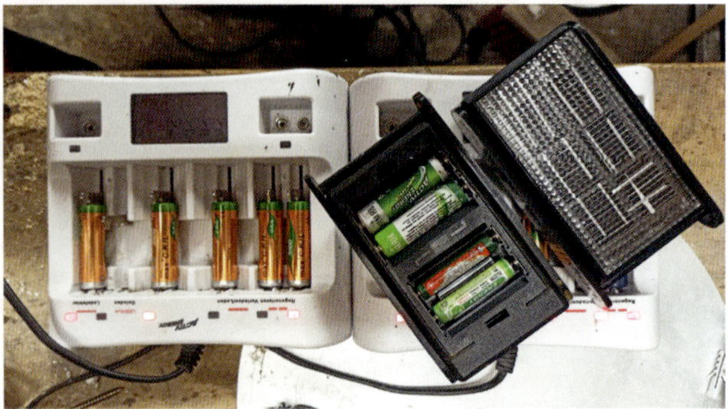

Solarladegerät für AA- und AAA-Batterien.

Powerstation mit Solarpanel.

- Tischlampe (Kurbel- oder batteriebetrieben)
- Gerber-Multitool
- Solar-Batterieladegerät
- AAA- und AA-Akkus je 30 Stück sowie Solarladegeräte
- Powerstation mit mindestens 1 Kilowatt Leistung und Solarladepanel
- Powerbank für Smartphone und Tablet 15.000–20.000 mAH mit Solarladepanel
- Diesel-Stromerzeuger ab 3 Kilowatt Leistung
- Dieselvorrat
- Säge und Axt
- Permanentmarkerstifte

Stromerzeuger mit 3 kW Leistung.

3.15 Heizen

Nicht nur die direkte Energieerzeugung im Körper durch Nahrungsmittel ist überlebenswichtig. Du solltest auch Wärme in deinen vier Wänden erzeugen können. Sei es zum Heizen oder Kochen. Geh davon aus, dass, wenn der Strom ausfällt, du auch keine Wärme über eine Zentralheizung beziehen kannst.

Beschaffe dir rechtzeitig eine alternative Heizquelle. Ideal ist es es, wenn du eine Heizung wählst, auf der du auch kochen kannst und die Kochwärme gleichzeitig den Raum wärmt. Vermutlich wirst du im Krisenfall nicht deine gesamte Wohnung wärmen können. Wie früher wird es die Küche oder die »Gute Stube« sein. Welche Heizquellen hast du nun zur Verfügung, wenn der Strom weg ist? Einfach gesagt: fossile Brennstoffe wie Öl oder Kohle oder Holz, wobei ich Holz bevorzuge, denn dieses ist ein verfügbarer und sammelbarer Brennstoff. Also entweder ein Küchenherd mit Heizöl betrieben, und/ oder ein Kohle-/(Scheit-) Holzofen. Auch Schwedenöfen oder Kaminöfen mit Kochstellen sind geeignet. Hierzu werden pfiffige Modelle angeboten, ausgestattet mit Heißwasserbehälter, Backröhre, Trocknungsgestellen und mehreren Kochflächen.

Die Firma Prity bietet hier preiswerte Modelle für viele Wünsche an. Pelleteinsätze ermöglichen dir, auch Pellets zu verheizen. Bedenke jedoch, dass zu jedem Ofen ein Kaminanschluss benötigt wird. Das kann ein Kaminschacht oder ein Edelstahlaußenkamin sein. Auch sollte dieser mindestens vier Meter über die Feuerstelle hinausragen, um den Abzug der Rauchgase zu gewährleisten. Dein Kaminkehrer ist hier Ansprechpartner für die Voraussetzungen der Aufstellung (Anschluss, Aufstellort, Rauchrohrlänge, feuerfeste Aufstellplatte usw.) und nimmt den Ofen bei einer Feuerschau ab. Wohnst du in einer Mietwohnung, benötigst du auch die Genehmigung des Vermieters, bei einer WEG die Zustimmung des Eigentümers, wenn du Gemeinschaftseigentum wie z. B. einen Kamin nutzen willst. Platz für Brennstoff sollte ausreichend vorhanden sein. Bei alleiniger Holzheizung einer Wohnung wirst du während eines kalten Winters zwischen 4 und 6 Ster Holz verheizen.

Holzvorrat: Der Winter kann kommen.

Denk auch an 12-Volt-Pumpen für Autobatterien oder Powerstations und Handpumpen mit den entsprechenden Schläuchen, um für einen Ölofen das benötigte Heizöl beispielsweise aus dem Gebäudetank zu pumpen.

Standheizung.

Klimaanlage.

Mehrstoffbrenner.

Zusätzliche Heizquellen:
Standheizungen gibt es fertig zu kaufen. Diese erzeugen warme Luft, indem Diesel oder Heizöl verbrannt wird.
Sollte noch Strom fließen, nutze Heizlüfter oder, noch besser, Klimaanlagen mit Heizfunktion. Diese haben einen besseren Wärmeerzeugungswert. Während ein Heizlüfter aus einem Kilowatt Strom ein Kilowatt Wärme erzeugt, produzieren Klimaanlagen bis zu vier Kilowatt Heizwärme aus einem Kilowatt Strom. Außerdem haben die meisten Klimaanlagen Luftfilter vorgeschaltet, die die verschmutzte Luft reinigen.
Ethanol-Öfen. Diese brennen mit Bioalkohol, im Volksmund »Spiritus«. Die Heizleistung ist nicht die beste, aber besser als nichts. Ein mittelgroßer Brenner verbraucht etwa 0,5 Liter pro Stunde.

Verbrennen, um Wärme zu erzeugen, kannst du viele verschiedenen Materialien. Sie sollten jedoch einen guten Heizwert ausweisen. Erstaunlicherweise haben z. B. Weizenkörner einen höheren Heizwert als Feuerholz. Auch dicke Bücher geben ähnlich viel Wärme ab wie Feuerholz. Brennende Autoreifen oder Altfette erzeugen in etwa die gleiche Wärmemenge wie Erdgas.

Denk aber immer daran: Alle Verbrennungsgase sind gesundheitsschädlich und müssen abgeleitet werden.

AUTARKIE DES AUTORS:

Da wir über unsere Photovoltaikanlage auf dem Dach und den Balkonkraftwerken bei Sonne Strom erzeugen, steht in jeder Wohnung eine mobile Klimaanlage. Im Keller und in den Küche befinden sich Wärmetonnen mit elektrischen Heizstäben für die Warmwasserbereitung. Die Klimaanlagen werden abends durch einen 5-Kilo watt-Batteriespeicher versorgt.
In jeder Wohnung befindet sich auch ein Kachel

3.16 Mögliches Brennmaterial

Was kannst du verbrennen? Nun, sehr viele Stoffe eignen sich, sogar Müll oder Kleidung. Heizwerttabelle in MJ/kg: Zur Umrechnung: 3,6 mJ sind ca. 1 Kilowattstunde Wärme

Brennstoff	**Heizwert (in MJ/kg)**
Waldfrisches Holz	6,8
Hausmüll	2,5–12
Lufttrockenes Holz, Gerstenkörner, Papier, Torf	4,4–15,8
Stroh, Weizenkörner, Hanfbriketts	16,7–17,2
Holzpellets, Olivenkerne, Holzbriketts	18,0–18,7
Braunkohlebriketts, Braunkohlestaub,	19,0–21,6
Steinkohle, Steinkohlekoks,	25,0–32,7
Holzkohle, Braunkohlekoks, Altreifen/Altgummi, Graphit	28,0–35,0
Kunststoffe:	
Nylon/Polyamid, Plexiglas, Polyethylen, Polyethylenterephthalat,	27,3–35,0
Expandiertes Polystyrol (EPS), Polypropylen (PP), Polystyrol (PS)	25,0–46,2
Polyurethan-Hartschaum (PUR)	42,4–46,4
Flüssige Brennstoffe:	
Benzin	41,8
Diesel, Heizöl, Erdöl	42,6
Altfette	36,0
Gasförmige Brennstoffe:	
Wasserstoff	119,97
Stadtgas	16,3
Erdgas	32,0–45,0
Ethan, Ethylen, Acetylen, Propan, Butan	45,0–48,0

ofen oder ein Kaminofen mit Kochplatte, der mit Holz oder Kohlen betrieben werden kann. Im ersten Stock in der Küche gibt es zudem einen wasserführenden Festbrennstoffofen, auf dem auch gekocht werden kann.

Als Alternative an sehr kalten Tagen brummt im Keller ein Mehrstoffbrenner, der mit Öl, Kohlen oder Holz befeuert werden kann.

Natürlich haben wir noch einige Heizöl-Standheizungen und Heizlüfter parat. Kalte Fensterflächen decken wir innen mit passgenau geschnittenen Styroporplatten ab, wobei ein 10-Zentimeter-Lüftungsschlitz oben die Frischluftzufuhr sicherstellt. Willst du Tageslicht im Raum haben, kannst du auch transparente Stegplatten nutzen. Diese gibt es als Gewächshauszubehör.

INSIDERTIPP:

Sei kreativ bei der Suche nach Brennmaterial in der Stadt im Krisenfall. Das gute Eichenparkett aus der verlassenen Nachbarwohnung. Die Dachbalken aus dem eingestürzten Gebäude. Ein Buchladen, eine Boutique oder ein Klamottensammelcontainer, für dich alles Wärmelieferanten. Styropor, Dämmmaterial, ja sogar der gelbe Sack: Müll und Autoreifen können die Wohnung heizen. Müll solltest du weiterhin trennen, aber nun in Biomüll zum Kompostieren und den restlichen Hausmüll in brennbar und nicht brennbar. Und wo Brennbares landet, weißt du ja.

Druckwellen, Wetterextreme, Vandalismus: Schnell ist ein Fensterglas zerbrochen und du verlierst deine Heizwärme. Einige Rollen dickere Plastikfolie und Panzertape erlauben dir, Folien außen und innen auf dem Rahmen beschädigter Fenster anzukleben. Diese Folien sind auch als Zusatzisolation bei unbeschädigten Fenster sinnvoll. Um Kondenswasser vorzubeugen, kannst du Reiskörner oder Silikat zwischen die Folien einbringen. Auch Jalousien und/oder Fensterläden schützen vor Kälte oder Beschädigung.

Die beste Wohnung nützt dir nur begrenzt, wenn es nach einem Sturm durch das Dach regnet. Dachpappen oder Planen entsprechender Größe helfen, um das Dach oder zerbrochene Fensterscheiben abzudichten. Auch verschiedene Dichtstoffe wie Silikon, Kitt etc. gehören in deine Ausrüstung, genauso wie ein Sortiment an Brettern und Balken verschiedener Größen, um z. B. das Dach zu reparieren, auf das ein Baum gestürzt ist. Dazu brauchst du neben einem gut sortierten Werkzeugkasten auch Verbrauchsmaterialien wie Schrauben und Nägel, Draht, Stricke und Panzerband. Ein Elektro-Werkzeuge-Park nutzt dir nichts ohne Strom. Ein Notstromaggregat oder eine Powerstation ist eine Lösung. Noch mehr im Sinne des Survivals ist es, sich auf die Muskelkraft zu verlassen. Arbeiten mit einer Handsäge oder Axt dauern zwar, aber sie machen warm und sind völlig unabhängig von Strom oder Treibstoff, wie ihn Kettensägen benötigen.

Reparaturmaterialien für Fenster und Dach.

Auf den ersten Blick passt sie nicht zu diesem Thema, die Frage nach einem üppigen Batterievorrat, einer Powerstation und der Notstromversorgung. Dein Notvorrat beinhaltet Batterien aller Größen für die in deinem Haushalt vorhandenen Geräte, von den Knopfzellen in den Armbanduhren bis hin zu den Autobatterien. Bei Lampen achte auf LED-Technik, das spart Energie. Akkus helfen dir nichts, wenn du sie nicht laden kannst. Eine Lösung sind Solarpanels, mit denen du dieses Manko beheben kannst. Trotzdem raten wir dazu, einen Batterienvorrat inklusive Powerstation anzulegen, denn das Solarpanel geht an düsteren Tagen in die Knie.

Gehen wir nochmal aufs Dach. Ein Aspekt von Wärme ist auch die Frage nach Warmwasser, das im Fall des Zusammenbruchs der Heizung ebenfalls nicht mehr zu Verfügung steht. Warmwasser erzeugst du problemlos auch bei unserem gemäßigten, mitteleuropäischen Klima auf dem Dach. Dazu nutzt du schwarze Kunststoffsäcke. Diese werden mit Wasser gefüllt und erwärmen sich überraschend schnell in der Sonne. Es gibt preisgünstige Lösungen, gemeinhin bekannt als Campingdusche.

Campingduschen.

Batterien und Akkus kannst du nicht genug haben.

Die Profilösung ist ein dünner, schwarzer Schlauch, den du unter deinen Dachplatten in Schlangenlinien verlegst. Im Swimmingpool-Handel finden sich solche Schläuche. Eine (solarbetriebene) Pumpe pumpt Wasser durch die Schläuche, das sich erwärmt.

Steht dir Strom zur Verfügung, installiere einen Boiler oder nutze Heizstäbe. Aquarienheizstäbe gibt es bis 1000 Watt, und diese heizen beispielsweise eine 110-Liter-Weithalstonne auf 40 Grad auf.

Abschließend zu diesem Thema möchte ich auf Kerzen zu sprechen kommen. Sie sind nicht nur schön anzuschauen, sondern spenden bestimmungsgemäß Licht und auch Wärme. Gut 50 Watt sind es pro Flamme! Billig-Teelichte lassen sich nur schlecht ein zweites Mal anzünden, weil der Doch abschmort und im verflüssigten Wachs ersäuft. Eigentlich kein Problem, wenn man weiß, dass man die Billigkerze besser komplett abbrennen lässt.

3.17 Stromversorgung

Strom ist der wichtigste Energieträger für eine entwickelte Gesellschaft. Im Hintergrund bestimmt die elektrische Energie das Niveau unserer Lebensqualität. Fällt die Stromversorgung aus, sinkt die Lebensqualität.
Es gibt mehrere Möglichkeiten, selbst Strom zu erzeugen. Hier sind einige der häufigsten:

Solaranlage.

Eine Solaranlage oder ein Balkonkraftwerk wandelt das Sonnenlicht in elektrischen Strom um. Du kannst entweder eine vorgefertigte Anlage kaufen oder eine eigene Anlage bauen. Empfehlenswert ist eine Inselanlage ohne Anschluss an das öffentliche Stromnetz. Balkonkraftwerke bieten geringe Erträge, du kannst pro Solarpanel ca. mit 300 bis 500 Watt/Stunde bei optimaler Sonneneinstrahlung rechnen. Das sind bei zwei Solarpanelen zwischen 600 und 1000 Watt pro Stunde. Zu wenig, um eine Kaffeemaschine zu betreiben. Dazu kommt das Problem des Anlaufstromes. Um ein Elektrogerät zu starten, benötigt der Motor darin einen höheren Strom als im Dauerbetrieb – vergleichbar einem Automotor der beim Starten mehr Treibstoff zieht als im Betrieb. Ein Gefrierschrank beispielsweise benötigt im Dauerbetrieb ca. 300 Watt, das könnte dein Balkonkraftwerk problemlos bereitstellen. Als Anlaufstrom benötigt der Gefrierschrank jedoch ca. 1000 Watt. Eine Waschmaschine zieht zwischen 2000 bis 3000 Watt im Betrieb. Zum Starten musst du jedoch 10000 Watt bereitstellen.

Bleiben wir noch bei der Solartechnik. Das Problem ist, immer die erzeugte Energie zu speichern, für den Moment, in dem sie benötigt wird. Wer investieren möchte, setzt auf einen Batteriespeicher. Lass dich von einem guten Techniker beraten, welche Lösung zu deinem Geldbeutel und deinen Vorstellungen passt.

INSIDERTIPP:

Schalte einen Anlaufstrombegrenzer zwischen Maschine und Stromquelle oder nutze eine Powerstation. Diese lädst du über das Balkonkraftwerk und betreibst darüber ein angeschlossenes Gerät. Wichtig ist hier ebenfalls, dass der Anlaufstrom von der Powerstation kurzfristig bereitgestellt werden kann.

Balkonkraftwerk.

Dachsolaranlage.

Autark dank Grecell-Powerstation.

Unabhängig dank Stromgenerator.

AUTARKIE DES AUTORS:

Auf unserem Dach thront eine Inselsolaranlage mit 7 Kilowatt Leistung. Zusätzlich versorgen zwei Balkonkraftwerke das Gebäude mit weiteren 1,8 Kilowatt. Natürlich nur bei Sonne. Ein Lademanagement sowie ein Batteriespeicher von 5 Kilowatt/48Volt dient als Stromversorgung. Zwei mobile Grecell-Powerstation mit jeweils 1 Kilowatt und einer Anlaufstromleistung von 2000 Watt machen es möglich, mobil einzelne Geräte im Haus, z.B. Heizungspumpe, Heizlüfter oder Kaffeemaschine, bei Stromausfall oder Dunkelflaute zu betreiben.

Segelboote erzeugen den zum Betrieb von Funk, GPS und Laptop notwendigen Strom mittels eines Windrades, das eine Batterie lädt. Auch manche Gartenlauben oder Berghütten versorgen sich auf diese Weise. Wenn du ein fließendes Gewässer in der Nähe hast, kann Wasserkraft eine gute Option sein. Dann überlege, ob du nicht dein eigenes Wasserkraftwerk bauen möchtest. Im Krisenfall stehen dir tausende Generatoren zur Verfügung. Und zwar die Lichtmaschinen der überall herumstehenden nutzlosen Fahrzeuge. Im Serbienkrieg bastelten die Einwohner der belagerten Stadt Vukovar aus Kfz-Lichtmaschinen kleine schwimmen-

de Wasserkraftwerke, hängten diese an Brücken am Fluss und luden damit Autobatterien. Mit denen und einem Spannungswandler betrieben sie Elektrogeräte.
Hast du keinen Zugang zu erneuerbaren Energien, kauf dir einen mobilen Generator, um Stromversorgungslücken zu schließen. Diese gibt es in verschiedenen Leistungsstärken und werden mit Gas, Benzin oder Diesel betrieben.

INSIDERTIPP:

Auf YouTube findest du viele pfiffige Videos zum DIY-Aufbau einer eigenständigen Stromversorgung.

3.18 Kosten der Vorsorge

Verblüffenderweise kommt man mit ein paar Tausend Euro schon ziemlich weit in der Basisvorsorge.

Nur Bares ist Wahres.

Nahrungsmittel schlagen für eine Person für sechs Monate mit ca. 1000 Euro nieder. Hier gilt es jedoch zu berücksichtigen, dass sich die Vorräte, bis auf EPA-, MRE- oder N-RG-Notrationen wieder der täglichen Ernährung zuführen lassen, ja sogar müssen, wenn das Haltbarkeitsdatum überschritten wird. Im Kern ist deine Vorsorge dann ein vorgezogener Einkauf. Ein effizientes Vorratsmanagement ist dazu unverzichtbar.

INSIDERTIPP:

Ein Freund von mir nutzt zur Vorratshaltung beidseitig zugängliche Regale. Auf der einen Seite des Regals schiebt er die Neuzugänge an Vorräten hinein und entnimmt auf der Gegenseite die abgelaufenen Nahrungsmittel. Von unten nach oben sind die Regale mit Jahreszahlen versehen, welche das MHD anzeigen. Damit sieht er auf einen Blick, was dieses Jahr verzehrt werden muss und was er nachkaufen sollte.

INSIDERTIPP:

Konservendosen haben ein Mindesthaltbarkeitsdatum aufgedruckt. Dieses liegt in der Regel bei 18 Monaten nach Abfüllung. Nun hat es sich sicher schon herumgesprochen, dass ein MHD keinesfalls bedeutet, dass der Inhalt einer Dose ungenießbar ist. Der Inhalt von Konservendosen aus gesunkenen Schiffen war sogar nach 100 Jahren noch verzehrbar. Ein Brite hat zu seiner goldenen Hochzeit ein Dosenhuhn aus einem Präsentkorb, den er zur Hochzeit geschenkt bekam, gegessen und fand den 50 Jahre alten Gummiadler »wunderbar«. Das MHD garantiert meist nur Geschmack, Farbe und Konsistenz einer Konserve. Sie sind bei einer Lagerung von höchstens 23 Grad meist weitere zehn Jahre haltbar.

3.19 Kosten für sechs Monate Autarkie im Einzelnen

- Die Lebensmittelkosten für vier Personen betragen für sechs Monate ca. 4000 Euro, wobei diese zu 70 Prozent zurück in den täglichen Verzehr fließen, also insgesamt an dauernd gebundenem Kapital 1200 Euro für vier Personen entstehen.

- Wasserkosten vier Person sechs Monate: Um 2000 Liter Trinkwasser für sechs Monate zu konservieren, solltest du mit (IPC-)Container, Wasserentkeimer, Behälter, Schläuche, Handpumpe und Batteriepumpe um die 500 Euro kalkulieren.
- Medikamente und Verbandsmaterial: Diese belasten die Kasse mit 300 Euro. Hier kannst du etwas Geld sparen, indem du alte Kfz- oder Betriebsverbandskästen bunkerst.

- Solltest du spezielle Medikamente benötigen, dann fallen diese auch in den Kostenplan.

- Heizung: Für eine Winterperiode kannst du für eine Wohnung mit bis zu sechs Ster Holzbedarf zum Heizen und Kochen rechnen. Der Ster gutes Feuerholz wie z. B. Buche liegt 2023 bei ca. 200 Euro, also bist du für sechs Monate mit ca. 1.200 Euro dabei. Briketts liegen etwa bei 200 Euro pro Feuerstelle für einen Winter. 100 Liter Treibstoffe in Kanistern kosten dich 300 Euro.

Mit diesen Basics hast du schon mal für sechs Monate Nahrungsmittel, Wasser und Wärme für vier Personen für insgesamt ca. 3700 Euro angelegt. Das sind pro Tag und Person gut angelegte fünf Euro für Essen, Wärme, Mobilität und medizinische Basisvorsorge.

So kann eine Rechnung für den Vorratskauf aussehen.

3.20 Kosten für zusätzliche Vorsorgegüter

- Desinfektionsmittel, Waschmittel, Geschirrspülmittel, Seifen und weiteres aus dem Drogeriemarkt: 200 Euro.
- Outdoor-Smartphones beginnen bei 200 Euro.
- Funkgeräte gibt es ab 60 Euro.
- 30 bis 40 AAA- und AA-Batterien, Powerbank mit Solarpanel sowie Solarlader: 150 bis 200 Euro.
- Powerstation: ab 500 Euro mit Solarpanel je nach Kilowatt Leistung.
- Ein Kaminofen mit Kochplatte liegt je nach Modell bei ca. 800 bis 4500 Euro.
- Ein Dieselgenerator (3 Kilowatt), der auch mit Heizöl betrieben werden kann, beginnt bei ca. 1000 Euro, ein Benzingenerator mit der gleichen Leistung liegt bei ca. 450 Euro. Dazu benötigst du natürlich Treibstoffe. Bei ca. zwei Liter Verbrauch pro Stunde und einem Betrieb von ca. vier Stunden am Tag brauchst du 240 Liter Sprit oder Heizöl/Diesel pro Monat.
- Für eine kleine Gulaschkanone mit Holzbefeuerung kannst du mit ca. 100 Euro rechnen.
- Campingausstattung, also Zelt, Schlafsack, Wildniskocher, Isomatte usw. schlägt mit ca. 500 Euro ins Kontor.
- Einen Balkon zum Anbauparadies umbauen kostet dich mit Töpfen, Balkonkästen, Wassertonne, Paletten und Samen usw. ab 400 Euro.
- Strebst du ein ähnliches Mobilitätskonzept an, wie ich es habe, mit Wohnmobil und E-Auto und E-Bike, dann solltest du das nötige Kleingeld vorhalten: Ein E-Bike geht ab ca. 1000 Euro los und kann als Lastenrad 5000 Euro und mehr kosten.
  Gebrauchte E-Autos in gutem Zustand lassen sich ab 10000 Euro finden. Neue ab 25000 Euro.
- Ein Wohnmobil mit entsprechender Ausstattung beginnt neu bei 40000, gebraucht bei ca. 15000 Euro.
- Balkonsolaranlage: ab 500 Euro je nach Anzahl der Paneele, ohne Montagekosten.
- Dachsolaranlage: ab 10000 Euro für 8 Kilowatt Leistung, ohne Montage- und Anschlusskosten.
- Solarthermieset: ab ca. 3000 Euro mit Pufferspeicher ohne Montagekosten.
- WallBox: ab 500 Euro.

INSIDERTIPP:

Willst du die Kosten für das Akkuauslesen beim Gebrauchtkauf eines E-Autos sparen, fahr den Akku leer und lade dann voll. Merk dir die Kilowatt an Ladestrom. Fahr erneut den Akku leer und schon hast du Reichweite und Verbrauch. Setze dies in Relation zu den Reichweiten- und Verbrauchsangaben eines Neufahrzeuges und du kannst auf den Zustand der Batterie schließen.

Regel Nr. 4

Sprich nicht über deine Vorratshaltung!

Wenn du es doch tust, wirst du etwas Verblüffendes feststellen: Anstatt nachdenkliche Zustimmung zu ernten, wirst du meist hören: »Dann weiß ich ja, wohin ich bei einer Krise muss.«

Wenn du dich zur Katastrophenprophylaxe entscheidest, breite den Mantel des Schweigens darüber aus. Nur deine Überlebensgruppe ist eingeweiht. Denn eines ist gewiss: Bricht die Krise los, dann werden all diejenigen, die dich zuvor für sonderbar hielten, die ersten sein, die versuchen, deine Vorräte zu plündern, wenn ihr Loch im Magen nur groß genug geworden ist. Deshalb: »Be prepared and be smart!«

WALTHAM
SPRECHFUNK
3 KANÄLE

Regel Nr. 5

Sorge dafür, dass du kommunizieren kannst!

Bestimme einen Infosucher. Er oder Sie soll sich primär um überlebenswichtige Informationen kümmern, aus dem Internet saugen, dem Radio zuhören oder alternative Informationsquellen ausfindig machen wie schwarze Bretter, Verlautbarungen oder öffentliche Ausrufe. Außerdem soll der Infosucher Kontakt zu anderen Gruppen halten. Und er sollte einen Drohnenführerschein besitzen.

5.1 Wichtige Kommunikationsgeräte

Dein erstes Hilfsmittel ist das Handy, Pad, der Computer oder alles, mit dem du in das Internet kommst. Darin bist du über Apps mit deiner Überlebensgruppe und der Nachbarschaft verbunden durch Mailprogramm, WhatsApp, Telegram, Instagram, Tiktok, Facebook usw. Auch Warn-Apps können wertvolle Informationen liefern.

INSIDERTIPP:

Warn-Apps

- NINA (Notfall-Informations- und Nachrichten-App des Bundes)
- Katwarn (Katastrophenwarn-App)
- BIWAPP (Bürger Info und Warn App)
- Warnwetter (Wetterwarn-App des Deutschen Wetterdienstes)
- THW Alert (App des Technischen Hilfswerks)

Leider ist das Internet vulnerabel. Stromausfall, Erdbeben, kriegerische Handlungen, schnell ist die Infrastruktur demoliert und du bist von lebenswichtigen Informationen abgeschnitten. Alternativ kannst du über ein Satellitentelefon nachdenken.

Die Warn-App NINA.

INSIDERTIPP:

Unter den Anbietern für mobile Satelliten-Telefonie besitzt nur Iridium eine weltweite Netzabdeckung. Auch Inmarsat ist fast überall verfügbar. Der Netzbetreiber Globalstar bietet seine Dienste weltweit in 120 Ländern an. Satellitentelefonie ist teuer. Zunächst benötigst du ein Satellitentelefon, das von mehreren hundert Euro bis weit mehr als 2000 Euro kosten kann und zahlst Minutenpreise von 70 Cent bis 2 Euro. Auch sind die Telefone primär für Telefonate gedacht und nicht mit dem Komfort eines Smartphones vergleichbar. Außerdem ist die Verbindung störanfälliger, je weiter du dich vom Äquator entfernst.

Weltweite Kommunikation: Satellitentelefon.

Deshalb hast du noch ein (Solar-)Kurbelradio oder ein Batterieradio in deinem Vorrat gebunkert. Stell darauf die lokalen Sender ein oder überregionale. Auch Handfunkgeräte sind im Krisenfall wertvolle Helfer.
Check die Standorte des Katastrophenschutzes wie Feuerwehr, THW, Polizei und Hilfsorganisationen wie Rotes Kreuz, Caritas usw. in deiner Nähe. Dort erhältst du aktuelle Infos direkt.
Auch solltest du über die nächsten Ärzte und Krankenhäuser informiert sein. Und die Standorte von Rathäusern und Militärstützpunkten zu wissen, kann durchaus hilfreich sein. Ist alle technische Kommunikation ausgefallen, helfen oft Infotafeln, schwarze Bretter, oder Nachrichtenwände. Deshalb halte auch einige Permanentmarkerstifte oder Spraydosen in verschiedenen Farben vor. Eine Drohne ist nützlich und kann Nachrichten überbringen oder beobachten, ohne dass dein Standort erkennbar wird.

Besser man hat, als man hätte. In der Krise benötigst du verfügbare Informationen zum Umgang mit der Krise. Bücher auf Papier zu bevorraten ist eindeutig besser, als auf das vulnerable Smartphone und auf das Internet zu setzen. Also leg eine Überlebensbibliothek an. Gedruckte Bücher zu den verschiedensten Aspekten des Überlebens vom Feldfrüchteanbau über Reparaturhandbücher für dein Auto bis hin zu Kochbüchern mit Wildkräutern. Auch Prepperhandbücher sind enorm hilfreich. Diese kannst du für kleines Geld bei ebay, Amazon oder medimops erwerben. Aus YouTube kannst du dir Videos, beispielsweise zum Aufbau einer Strom- oder Wasserversorgung herunterladen und auf USB-Sticks oder micro-SD-Karten speichern.

Permanentmarker.

Meine Überlebensbibliothek.

5.2 Zahlungsmittel und Tauschwaren

Wer leidet in Krisenzeiten am meisten? Ein Blick in die Vergangenheit Deutschlands zeigt es. Die städtische Bevölkerung. Sie war in den beiden verheerenden Weltkriegen, v.a. in deren Endphasen und in den Nachkriegsjahren, gezwungen zu hungern, ging hamstern und versuchte ihre Wertgegenstände gegen Essbares zu tauschen. Die Bauern hatten ihre Scheunen bald damit voll stehen und lehnten weitere Tauschversuche der Version Lebensmittel gegen »Kunst und Krempel« ab. Papiergeld war sehr wenig bis gar nichts wert. Es etablierten sich stattdessen Schwarzmarktwährungen: Zigaretten, Lebensmittel (-Bezugsscheine), Alkohol und weniger bekannte wie Drogen, Medikamente, Treibstoffe und natürlich auch Sex. Wohl dem, der über solche Tauschmittel verfügte. Und das gilt auch für die heutige Zeit. Bei einer größeren Katastrophe werden die meisten bislang als wertig angesehenen Produkte wertlos sein. Der Euro wird nach einiger Zeit wertlos sein, da eine riesige Menge Geld einem geringen Angebot an Waren gegenübersteht.

Kein Geld bei Bank Run?

Deshalb macht es für dich nur eingeschränkt Sinn, dein Geld zu horten. Gib dein Bargeld bis auf eine Reserve schon bei Anbeginn der Krise aus. Später kriegst du nichts mehr dafür. Vergiss auch Bankkarten und Kreditkarten oder virtuelle Währungen. Diese Systeme fallen, wenn das Internet oder die Stromversorgung zusammenbricht, komplett aus. Auch kann die Abhebesumme jederzeit beschränkt werden, wie z.B. in Griechenland 2015 geschehen mit nur 60 Euro pro Tag. Halte dir deshalb einen Barvorrat in einigen Währungen vor.
Als Resümee gilt für Krisenzeiten: Hast du was zum Tauschen, bist du fein raus, wenn nicht, musst du hamstern. Was wären jetzt interessante Tauschartikel?

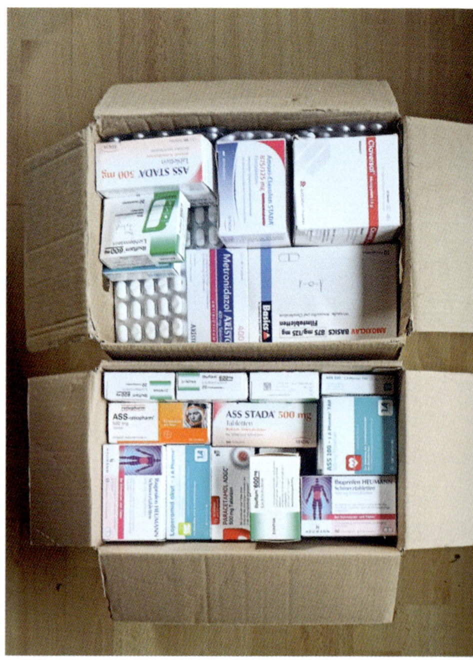

Medikamente sind gute Tauschmittel.

5.3 Empfohlene Tauschmittel in der Krise

- **Lebensmittel:** Diese sind leicht tauschbar und ergänzen die eigene Lebensmittelversorgung. Etwa 25 Prozent deiner Vorräte solltest du für den Tauschhandel anlegen. Idealerweise greifst du auf haltbare und teilbare Lebensmittel zurück: Säcke mit Reis, Mehl, Getreide, Mais, Spaghetti usw. Denke auch daran, für deine Tauschaktionen Verpackungen vorzuhalten. Gefrierbeutel auf Rolle eignen sich hervorragend. Ebenso benötigst du eine Waage.

- **Brennstoffe aller Art:** Kohle, Heizöl, Treibstoffe, Holz usw. Ein eigener Heizöltank ist der erste Anlaufpunkt. Denke auch an die Heizöltanks deiner Nachbarn. Halte einige Vorhängeschlösser vor, um entdeckte Tanks abzusperren.

- **Alkohol:** Je schlechter die Zeiten, desto mehr Alkohol fließt. Horte gut und gern 100 bis 200 Liter Alkohol. Kein Bier, das verdirbt schnell, sondern Weine und idealerweise Hochprozentiges, das man auch verdünnen kann.

- **Zigaretten:** Nach dem Zweiten Weltkrieg waren ca. 60 Prozent der Bevölkerung Raucher, heute sind es um die 25 Prozent. Zigaretten verlieren an Aroma und Feuchtigkeit. Nach 1,5 bis 2 Jahren, bei ungeöffneter Packung, haben sich die Geschmacksstoffe verflüchtigt und die Zigaretten schmecken nicht mehr. Eher macht es Sinn, Tabaksamen einzupflanzen. Daraus kann nach der Reife Tabak gewonnen und getauscht werden.

- **Medikamente und Heilkräuter:** Lagere, wann immer es geht, Medikamente ein, darunter so viel wie möglich an Schmerzmitteln und Antibiotika. Leider sind die meisten Medikamente rezeptpflichtig, sodass zukünftig dein Urlaub ab sofort zur Einkaufsfahrt wird, denn du kaufst dir die Medikamente in Ländern, in denen die Medikamente nicht rezeptpflichtig sind. Medikamente werden übrigens nach dem Ablauf des Mindesthaltbarkeitsdatums nicht wirkungslos, sie verlieren allerdings mit der Zeit an Wirksamkeit.

- **Gold, Diamanten und Co.:** Sie vereinen Licht und Schatten auf dem Schwarzmarkt. Edelmetalle und Edelsteine halten den Wert und weisen wenig Volumina auf. Problematisch ist, dass du sie nicht teilen kannst, du hast also kein »Kleingeld«, und du gehst beim Kauf ein Risiko ein, betrogen zu werden, wenn du dich nicht wirklich gut auskennst. Das gilt vor allem bei Edelsteinen. Kannst du einen Diamanten von einem billigen Glasstein unterscheiden? Oder Silber und Weißgold von dem ungleich teureren Platin? Beim Kauf von Edelmetall-Münzen verlierst du außerdem Geld, weil du nicht den reinen Metallwert bezahlst, sondern auch die Herstellung der Münze. Am wenigsten Verlust machst du, wenn du Edelmetalle in möglichst großen Barren einkaufst.

Gold kann Gold wert sein.

- **Weitere Vorschläge für geringwertige Tauschmittel:** Tütensuppen, Tütenmahlzeiten, EPA, MRE: Zum Tauschen oder direkt als Mahlzeit zubereitet, ertauschst du dir damit andere Güter. Kaffee: Vakuumierter Kaffee oder Kaffeebohnen halten mehrere Jahre. Bei Bohnen brauchst du eine Kaffeemühle.

- Batterien und/oder Akkus mit Solarladegeräten, Seifenstücke oder Desinfektionsmittel (Chlorlauge), Zahnbürsten und Zahncreme,Honig, Marmeladen, Süßigkeiten, Bonbons,Trockenhefe, Feuerzeuge,

Geringwertige Tauschmittel: Feuerzeuge.

Alkoholika sind begehrt.

Schmerztabletten wie Ibuprofen oder Aspirin, Hygieneartikel: Seifen, Waschmittel, Zahnbürsten und Zahnpaste, Damenbinden, Kondome.

Hygieneartikel sind gefragt.

Ansonsten wähle deine Tauschmittel nach Möglichkeiten des eigenen Zugriffs. Arbeitest du im Supermarkt, können es Lebensmittel sein. Bist du im Baumarkt beschäftigt, könnten es vielleicht Werkzeuge sein. Machen Dollar, Schweizer Franken, und Gold Sinn? Das hängt von deinen Plänen und der Inflation ab. Möchtest du fliehen oder auswandern, dann brauchst du Devisen oder Gold. Für die tägliche Versorgung in einer Krise sind Devisen weniger geeignet, da z.B. Dollar nur als eventuelle Schattenwährung bei hoher Inflation wertvoll werden. Gold ist langfristige Vorsorge, denn beim Bäcker am Barren zu raspeln, um das Brot zu bezahlen, ist ziemlich unpraktisch. Um hingegen einen Zöllner zu bestechen, eine Flucht zu organisieren, Benzin aufzutreiben oder das Schutzversprechen einer Gruppe einzukaufen, kann es Sinn machen, sich damit zu bevorraten. *Vorschlag des Autors: Halte ca. 500 Gramm Gold in verschiedenen Goldmünzen und Goldschmuck als eiserne Fluchtreserve vor. Dazu jeweils 2000 Dollar und 2000 Schweizer Franken sowie 5000 Euro in bar. Zusätzlich 8000 Gramm Silber in Münzen. Diese haben den Vorteil, ein geringwertiges Tauschmittel zu sein, und darüber hinaus können sie zur Entkeimung von Wasser verwendet werden..*

5.4 Dokumenten- und Datensicherung

INSIDERTIPP:

Ein Rezept für einen Bretterknaller, um sich schwierige Zeiten schön zu saufen, ist der Hudson Bay: Dazu 0,7 Liter 54-prozentigen Rum mit 250 Milliliter Ahornsirup, Zimtstangen und Vanille mischen. Das Ganze ansetzen und 6 bis 8 Wochen reifen lassen. Das Gebräu kann nach Belieben verdünnt werden.

Guter Schnaps in schlechten Zeiten: Hudson Bay.

Für Brennstoffe und Alkohol sollte unbedingt ein Flaschenvorrat oder Deckelglasvorrat mit verschiedenen Füllgrößen angelegt werden. Kleine Füllmengen sind dein »Kleingeld«.

Gehe in folgender Reihenfolge vor:

1. Du erstellst einen Notfallordner. In diesem sammelst du alle wichtigen Dokumente (die Originale!). Dazu gehören auf jeden Fall alle deine Zeugnisse über den Schulabschluss und deinen weiteren Bildungsweg sowie die Nachweise für berufliche Qualifikationen. Hast du deinen Schul- und Bildungsweg »gesichert«, denke an deine Dokumente in Sachen Bürokratie: Deinen Pass und Personalausweis, Führerschein, deine Fahrzeugpapiere (Zulassungsbescheinigungen Teil I und II), Kreditkarten und sonstige Bankunterlagen. Darunter verstehe ich auch sämtliche Vermögens- und Versicherungsdaten. Denke an das wichtigste aller Dokumente, deine Geburtsurkunde! Wenn vorhanden gehören auch auf alle Fälle dein Familienbuch, deine Heiratsurkunde u. Ä. in den Ordner.

Notfallordner.

2. Durch ein plötzliches Unglück könnte dein Notfallordner vernichtet werden, z. B. durch einen Wohnungsbrand, während du selbst außer Haus bist. Deshalb legst du Kopien an. Diese ersetzen zwar nicht die Originale, helfen dir aber bei der Wiederbeschaffung gültiger Dokumente. Die Kopien lagerst du außerhalb deiner Wohnung, z. B. in einem versiegelten Großkuvert bei Freunden oder Familienangehörigen. Zusätzlich kopierst du sie alle auf einen USB-Stick. Wer ganz auf Nummer sicher gehen will, erstellt mehrere USB-Sticks und streut sie zwischen Bankschließfach, Schwiegermutter und Waldversteck.

3. Last but not least empfehle ich die Speicherung deiner digitalisierten Daten abschließend in einer Cloud, wie z. B. der Dropbox (www.dropbox.com) oder dem Microsoft OneDrive (www.onedrive.live.com/about/en-us/). So kannst du auch dann noch auf sie zugreifen, wenn du nichts anderes als nur dein sprichwörtlich »nacktes Leben« aus deiner Wohnung gerettet hast.

5.5 Das Survival-Netzwerk

1 + 1 > 2.

Diese Formel bedeutet, dass die Effektivität eines Teams größer ist als die Summe seiner Mitglieder. Auf das Leben nach dem Katastrophenfall bezogen bedeutet das, dass du allein geringere Überlebenschancen hast als zu zweit oder in einer Gruppe. Das Problem ist, Partner zu finden, auf die man sich hundertprozentig verlassen kann.
Nun, zunächst wirst du in einer Krisensituation mit den Menschen zusammenarbeiten, denen du auch in Nicht-Notzeiten dein Vertrauen schenkst – deiner Familie. Jeder kennt Stärken und Schwächen des anderen. Doch auch wenn du Teil einer großen Familie bist, wirst du nicht alle Notwendigkeiten mit familieneigenen Kräften erfüllen können.

Deshalb brauchst du eine Survival-Kolonie. Einen Ort, wo du und deine Familie Unterschlupf finden für den Katastrophenfall, dass du über Nacht alles, wirklich alles verlierst (Brand, Erdbeben, etc.). Deine Survival-Kolonie kann bei einem Verwandten oder Freund sein. Wichtig ist, er muss bereit sein, dich im Krisenfall aufzunehmen. Und andersherum. Idealerweise ist diese Person genauso ein Überlebenskünstler wie du. Auf jeden Fall hältst du bei ihm das Allernotwendigste vor. Konkret also einen Koffer mit der notwendigsten Kleidung, eventuell Medikamente, die du brauchst, und einen USB-Stick oder Papierkopien deiner Dokumente. Der Hausherr deiner Survival-Kolonie ist zudem eine Person, der du absolut vertrauen kannst, die in deine Survivalstrategien eingeweiht ist und du in seine. Ihr seid eure gegenseitige Backup-Lösung.

Ausgehend von diesem inneren Kern deines Survivalteams baust du dir die nächste Dimension deines Survival-Netzwerks auf: einen äußeren Ring von Experten. Du brauchst Experten für all die Dinge, die du nicht allein managen kannst. In erster Linie

Bauernhof als Zufluchtsort.

Ein Viehzüchter kann dich mit Fleisch versorgen.

ist das der Arzt deines Vertrauens, aber auch ein begnadeter Automechatroniker/ Mechaniker, der einen Getriebeschaden reparieren kann. Du brauchst jemanden, der Schweißen kann und andere Handwerker, die dir Nothilfe leisten können (Dachdecker, Zimmerer, Maurer etc.). Denke auch an Partner in Sachen Nahrungsmittelbeschaffung. Ein befreundeter Landwirt, der bereit ist, dir Lebensmittel auf Tauschbasis zukommen zu lassen, einen befreundeten Jäger, der dich mit Wildbret versorgen kann und einige mehr. Der Unterschied zwischen den Personen aus diesem äußeren Ring und dem inneren Kern deines Survivalnetzwerks besteht darin, dass diese nicht oder nur ansatzweise in deine Survivalstrategie eingeweiht sind. Vertrauen ist zwar gut, aber Zurückhaltung und Informationskontrolle sind in diesem Fall besser.

Die letzte Gruppe von Personen deines Survivalnetzwerks nenne ich die »Joker«. Das sind Menschen, die auf den ersten Blick vielleicht keine direkte Hilfe leisten können, aufgrund ihrer gesellschaftlichen, politischen oder auf anderer Seite herausragenden Position aber Dinge bewirken können, die du ohne ihre Hilfe nicht schaffen könntest.

Du fragst jetzt berechtigterweise: Wie lerne ich denn alle diese Leute kennen, wer soll mein Partner im innersten Kreis sein, wer die Experten im äußeren, ganz zu schweigen von den Jokern? Nun, das ist gar nicht so schwierig. Deine Familie, ich spreche hier von deiner Frau/deinem Mann und eventuell deinen Kindern, die hast du dir schon ausgesucht. Dein Survival-Partner wird dein Busenfreund sein. Du siehst: Der Kern deines Survivalnetzwerks steht quasi wie von selbst. Auch in Sachen äußerer Ring von Experten brauchst du dir keine »Beschaffungssorgen« zu machen, denn mit diesen Leuten bist du wahrscheinlich nur »bekannt«, nicht »befreundet«. Du wahrst also eine gewisse emotionale Distanz. Das sind die Leute,die du auch sonst in Friedenszeiten für Dinge brauchst, die du allein nicht erledigen kannst: dein Arzt, dein Automechatroniker, dein Elektriker usw. Nichts anderes als eine Auswahl von Spezialisten aus deinem ohnehin vorhandenen Bekanntenkreis.

INSIDERTIPP:

Eine hervorragende Art Survival-Beziehungen zu knüpfen bietet das Internet in den einschlägigen Foren. Doch sei vorsichtig! Heikle Themen besprichst du nur dann mit der Internetbekanntschaft, wenn du sie IN VIVO persönlich kennen- und schätzengelernt hast. Das Ganze NIEMALS im Internet, sondern nur unter vier Augen.

Weiterführende Literatur:

Überleben in der Wildnis

Er ist der unbestrittene Sir Vival Deutschlands:
Nehberg, Rüdiger: *Survival-Lexikon.*
Nehberg, Rüdiger: *Überleben ums Verrecken: Das Survival-Handbuch.*

Ackerbau und Viehzucht

Für denjenigen, der sich im Sinne einer kleinen Landwirtschaft autark machen möchte, empfehle ich:
Rhein, Herbert: *Handbuch für das Überleben in Krisenzeiten*

Orientierung und Navigation

Kahl, Willi: *Navigation für Expeditionen, Touren, Törns und Reisen. Orientierung in der Wildnis*

Survival-»Unterhaltungslektüre«:

Blickensdörfer, Hans: *Die Baskenmütze*
Dartnell, Lewis: *Das Handbuch für den Neustart der Welt*

Der Autor

Jürgen Proske

Jahrgang 1962, geboren und wohnhaft in Garmisch-Partenkirchen. Neben seinem zentralen Hobby, der Schatzsuche, widmet sich der Betriebswirt der Vorbereitung auf Krisensituationen. In seinen Studienzeiten trampte er begeistert durch Europa, Afrika und Asien und schlug sich mit Zelt, Kajak und »Survivalkit« durch die Wälder des Nordens. Er lebte an den Stränden des Südens von selbst gefangenen Fischen und gesammelten Obst und Beeren. Doch die Zeiten wandelten sich, und das Überleben in der wilden Natur rückte in den Hintergrund. Doch die Sicherheit des ausgehenden 20. Jahrhunderts machte den vielfältigen Bedrohungen des 21. Jahrhunderts Platz. Deshalb begann er damit, sein Krisenmanagement zu entwickeln, und schon bald füllten erste Vorräte für schwierige Zeiten seine Dachkammern. Immer nah an der Natur verfolgt der begeisterte Outdoor-Jünger vielfältige Hobbys, die seine Survivalfähigkeiten trainieren und ihn mit praxistauglichen Lösungen weiter autark machen.

WEITERE INTERESSANTE BÜCHER ZUM THEMA

Einfach umsetzbar bietet „Der Lapp" Hilfe zur Selbsthilfe in allen erdenklichen Outdoor-Situationen. Die 12. Auflage feiert das 35-jährige Jubiläum des Bestsellers und kommt erstmals mit farbigen Fotos und einer Bildstrecke, die das spektakuläre Leben von Volker Lapp nachzeichnet.

408 Seiten, 296 Abbildungen, 100 x 150 mm
ISBN 978-3-613-50959-7
€ 22,90 | € (A) 23,60

Dieses Notfallkochbuch vermittelt das komplette Know-how, um sich bestmöglich auf schwierige Zeiten vorzubereiten. Angefangen bei Lebensmitteln, die man bevorraten sollte, bis hin zur notwendigen Ausrüstung zum Kochen ohne Strom.

128 Seiten, 120 Abbildungen, 140 x 205 mm
ISBN 978-3-613-50944-3
€ 16,– | € (A) 16,50

Ein umfassendes Buch zur Krisenvorsorge, das die Leser instruiert, wie sie sich rundum auf kleinere und größere Katastrophen vorbereiten können.

192 Seiten, 247 Abbildungen, 170 x 240 mm
ISBN 978-3-613-50822-4
€ 24,90 | € (A) 25,60

Walter Dold liefert Städtern Vorsorgestrategien für eine sichere Wohnsituation und eigene Lebensmittelversorgung in Krisensituationen.

192 Seiten, 180 Abbildungen, 170 x 240 mm
ISBN 978-3-613-50848-4
€ 24,90 | € (A) 25,60

Leseproben zu allen Titeln auf unserer Internetseite

tand September 2023
nderungen in Preis und
ieferfähigkeit vorbehalten.

Überall, wo es Bücher gibt, oder unter
WWW.MOTORBUCH-VERSAND.DE
Service-Hotline: 0711 / 78 99 21 51
www.instagram.com/pietsch_adventu

WEITERE INTERESSANTE BÜCHER ZUM THEMA

Dieses Standardwerk liefert praxisnah, klar und leichtverständlich die wirkungsvollsten Überlebenstechniken der amerikanischen Elitetruppen, die jeder Abenteurer griffbereit haben sollte.

256 Seiten, 91 Abbildungen, 140 x 205 mm

ISBN 978-3-613-50952-8

€ 16,95 | € (A) 17,40

Lernen von den militärischen Eliteeinheiten der SAS: körperliche Übungen, Trainingsprogramme, Mentaltechniken, Survival- und Nahkampftechniken sowie Ratschläge zu Ernährung und Regeneration. Schritt-für-Schritt erklärt!

192 Seiten, 250 Abbildungen, 170 x 240 mm

ISBN 978-3-613-50956-6

€ 19,95 | € (A) 20,60

Dieser Ratgeber vermittelt dem botanischen Laien ein System, das es ihm ermöglicht, sich im Notfall ohne Bestimmungsbuch in unterschiedlichen klimatischen Zonen sicher von Pflanzen zu ernähren.

240 Seiten, 225 Abbildungen, 140 x 205 mm

ISBN 978-3-613-50763-0

€ 19,95 | € (A) 20,60

Wasser ist das wichtigste Lebensmittel überhaupt. Johannes Vogel bereitet das Thema Trinkwasserversorgung so auf, dass jeder, ob Trekkingreisender, Freizeitwanderer oder Survivalist, in der Lage ist, sich aus der Natur mit Wasser zu versorgen.

176 Seiten, 200 Abbildungen, 140 x 205 mm

ISBN 978-3-613-50852-1

€ 19,95 | € (A) 20,60

Leseproben zu allen Titeln auf unserer Internetseite

September 2023
...en in Preis und
...keit vorbehalten.

pietsch

Überall, wo es Bücher gibt, oder unter
WWW.MOTORBUCH-VERSAND.DE
Service-Hotline: 0711 / 78 99 21 51
www.instagram.com/pietsch_adventure